Da war ich so im Öl, man hätt' a Schnitzel in mir aussback'n können!

AUFGESCHNAPPT
IN EINEM
WIENER WIRTSHAUS,
ANONYM

RESTAURANT

Meissl & Schadn

THE WIENER SCHNITZEL LOVE BOOK!

*Eine literarische Liebeserklärung
an das österreichische Leibgericht*

HERAUSGEGEBEN VON:
Florian Weitzer · Severin Corti
MIT FOTOGRAFIEN VON:
Ingo Pertramer

THE WIENER SCHNITZEL LOVE BOOK

06
Vorwort
FLORIAN WEITZER

10
Keusch und doch knusprig
Warum das Wiener Schnitzel Religion ist
SEVERIN CORTI

18
Travnicek am Mittelmeer
Ein österreichischer Archetyp fernab seines Schnitzels
GERHARD BRONNER

20
Die Schnitzel meiner Jugend
Die Schnitzelprüfung am Hosenboden
JOSEPH WECHSBERG

28
Das Schnitzel im Wiener
Auf Wirtshaustour in der Vorstadt
MANFRED REBHANDL

38
Das gute Essen
Paniertes Schnitzel und Gurkensalat
ALFRED POLGAR

44
„Aussabochn"
Josef Haders legendärer Gebackenes-Monolog aus „Indien"
PAUL HARATHER

48
Die zehn Gebote des Wiener Schnitzels
Hat da wer Goldenes Kalb gesagt?
WOLFGANG KRALICEK

52
Die andere Schnitzelhauptstadt
Eine Verneigung vor Mailand und der Costoletta milanese
GEORGES DESRUES

68
„Ich mache keine Milanese!"
Italiens weltberühmtester Koch über seine Beziehung zum Schnitzel
MASSIMO BOTTURA

74
Der schönste Klang von Wien
Eine Ode an das Schnitzel
SARAH KELLY

76
Der Schnitzelflüsterer
Ein Selbstversuch unter Mithilfe von Franz Ruhm, Katharina Prato, Marcia Colman Morton, Ewald Plachutta, Wolfgang Puck u.a.
CHRISTIAN SEILER

INHALT

100
Der Schnitzelwiener, die Schnitzeltouristin
*Eine bildliche Gegenüberstellung
zweier Archetypen der Schnitzelliebe*
ANDREA MARIA DUSL

104
Wo das Schnitzel am besten schmeckt
Wie ein Russe das Schnitzel liebt
WLADIMIR KAMINER

112
Das Schnitzel ist Welt
*Andere Länder, gleiches Wiener.
Oder doch nicht? Eine Bestandsaufnahme von
Tel Aviv bis Teheran*
GEORGES DESRUES

126
Schmalz
Ein Nachruf
SEVERIN CORTI

130
Ein echtes Wiener Schnitzel
braucht Schmalz vom Schwein
Ein Oberösterreicher über sein Ideal-Wiener
WILLI KLINGER

134
Das Schnitzel wird umbesetzt
*Als Claus Peymann auf offener Bühne
seiner Panier verlustig ging*
MARIA HAPPEL

146
Die Schnitzelsemmel
Oder: Brösel im Brot
TOBIAS MÜLLER

154
Der Erdapfel
Die Kartoffel ist große Kunst
ERWIN WURM

156
Erdäpfelsalat!
Die Knolle in Form bringen
SEVERIN CORTI

158
Zwei Arten, das Wiener Schnitzel
zu beschreiben
*Der Kochkünstler weiß,
wie Schnitzel zu Kunst wird*
PETER KUBELKA

160
Wiener Schnitzel und seine Beilagen
*Die Original-Rezepte des
Meissl & Schadn*
JÜRGEN GSCHWENDTNER

182
Österreichisch-Deutsch-Glossar

THE WIENER SCHNITZEL
LOVE BOOK

Meissl & Schadn = Wiener & Schnitzel

Wenn es eine Speise zum kulinarischen Wahrzeichen einer Stadt gebracht hat, dann ist es nur recht, ihr einen Tempel zu bauen, in dem sie nach allen Regeln der Kunst zelebriert wird. Für viele weltberühmte Delikatessen gilt das schon längst: Für das einzig wahre Carpaccio etwa, das es eben nur in Harry's Bar in Venedig geben kann, für die wahrhaftige Bouillabaisse des legendären „Petit Nice" in Marseille oder das Steak „Café de Paris" des gleichnamigen Etablissements in Genf.

Bei uns in Wien kann man an vielen Orten herausragend wienerisch essen. Was in der Welthauptstadt des Wiener Schnitzels aber lange gefehlt hat, ist eine Adresse, die sich über dieses einzigartige Gericht definiert und es mit Hingabe und Achtsamkeit auf jenes Podest hebt, das ihm gebührt. Im Meissl & Schadn am Schubertring stellen wir uns dieser noblen Aufgabe.

In gewisser Weise steht das Restaurant mit dem traditionsreichen Namen nämlich für die ideale Erinnerung an alles, was die Wiener Küche einst groß und berühmt gemacht hat. Das Wien der

MEISSL & SCHADN = WIENER & SCHNITZEL

THE WIENER SCHNITZEL
LOVE BOOK

Jahrhundertwende, in dem das historische Hotel und Restaurant Meissl & Schadn 1896 eröffnet wurde, war so etwas wie das Zentrum der Welt. Einst waren die großen Geister ihrer Zeit, von Stefan Zweig und Gustav Mahler bis zu Arthur Schnitzler und Sigmund Freud zu Gast, weil die Wiener Küche hier mit exemplarischer Eleganz und Leichtigkeit zu Tisch kam. Auch heute freuen wir uns, dass Künstler und Kreative das Meissl & Schadn schatzen – einige haben auch dieses Buch mitgestaltet.

Aber zurück zum Wiener Schnitzel: Es wird im Meissl & Schadn nicht irgendwo hinten in der Küche gefertigt, sondern am schönsten Ort des Etablissements: mitten im Gastraum, mit großer Auslage zum Schubertring. Es darf und soll jeder sehen, ob auch so gewissenhaft und sauber gearbeitet wird, wie man sich das als Gast und Gastronom gleichermaßen wünscht. Die Hintergrundmusik im Restaurant wird seitdem vom rhythmischen „tock, tock, tock!" des Schnitzelklopfers bestimmt, einem Geräusch, das nicht nur bei Wienern sofortige Appetitsteigerung auslöst. Dass man sich gleichzeitig auch den einen oder anderen Kniff für das Schnitzel daheim abschauen kann, ist ein durchaus nicht zufälliger Nebeneffekt.

Doch das Wiener Schnitzel ist in Wirklichkeit viel mehr als nur das berühmteste Gericht der Wiener Küche. Es ist längst zu einer Ikone des österreichischen Seins geworden und hat Dichter und Künstler inspiriert. Deshalb schien es uns hoch an der Zeit, dem spezifisch österreichischen Faszinosum des Gebackenen auf den Grund zu gehen und dem Wiener Schnitzel ein Buch zu widmen, das seine Herrlichkeit und Anziehungskraft in allen Facetten beleuchtet. Manche behaupten schließlich, dass der Wiener eine geradezu religiöse Beziehung zum Schnitzel habe. Einige der Texte in diesem Buch scheinen das nahezulegen. Ob's stimmt, muss jeder für sich bestimmen, amüsant aber ist es in jedem Fall. Ich darf Ihnen in diesem Zusammenhang die „10 Gebote des Wiener Schnitzels" ans Herz legen, die Wolfgang Kralicek auf Seite 48 ff. formuliert hat!

In diesem Sinne wünsche ich Ihnen viel Vergnügen mit den Texten. Falls Sie zwischendurch ein unbändiger Schnitzelhunger packt, dann stehen wir bereit. Wenn Sie selbst Hand anlegen wollen: Ab Seite 160 sind die Originalrezepte des Meissl & Schadn in allen Details ausgeführt.

Guten Appetit!
Ihr Florian Weitzer

THE WIENER SCHNITZEL
LOVE BOOK

*Was ein echter Wiener ist,
hat eine religiöse Beziehung zu
seinem Schnitzel – behauptet*

SEVERIN CORTI

Schnitzel ist Religion

Wenn der Pfarrer in der Sonntagsmesse den heiligen Ritus der Wandlung zelebriert, dann hebt er das Brot mit den Worten „Dies ist mein Fleisch". Für ordentlich katholische Wiener – und die erdrückende Mehrheit ist zumindest als solche groß geworden – erscheint diese Wandlung keineswegs so wundersam wie für den Rest der Menschheit. Schließlich gehört es zum Wesen des definierenden Gerichts ihrer Heimatstadt, zwar wie Brot auszusehen, tatsächlich aber Fleisch zu sein. Im Wiener Schnitzel wird der zentrale Glaubenssatz des Christentums Realität, zumindest aus kulinarischer Sicht: Aus Fleisch Brot zu machen – oder war es umgekehrt? – ist für einen Koch in Wien sozusagen tägliches Geschäft.

Der Katholizismus mit seinen zahlreichen Fastenregeln und der durchaus definierenden Aversion gegen die allzu fleischlichen Freuden des Lebens erwies sich in Wien aber auch aus einem anderen Grund als idealer Nährboden, um einer Köstlichkeit wie dem Schnitzel ans Licht zu helfen: In die Hülle aus Ei und Brösel gepackt wird die Sünde des Fleisches gnädig verhüllt, sodass sie keusch und doch knusprig den Gaumen des Genießers erfreue. In Wien wird nämlich bei Gott nicht nur Fleisch in Ei und Brösel gehüllt herausgebacken: Von Fisch über Leberkäse und sogar Wurst bis zu dicken Ziegeln vom Emmentaler Käse, von allerhand Gemüse wie Karfiol (vulgo Blumenkohl), Spargel, Champignons oder blanchiertem und in Scheiben geschnittenem Knollensellerie bis zu Gulasch und Frikadellen wird in Wien so gut wie alles paniert, was bei drei nicht auf den Bäumen ist. In Zeiten, da die Fastengesetze noch etwas galten, war dem Verwirrspiel somit Tür und Tor geöffnet – wer konnte schon sicher sein, ob das goldbraun panierte Etwas, das der Nachbar am Fasttag so lustvoll zu einem Teil seiner Selbst machte, nun wahrhaftig kein Fleisch war?

Aber auch sonst bietet das Wiener Schnitzel, diese aus Kalbfleisch, Mehl, Ei und Weißbrotbröseln (sowie, ganz wichtig, reichlich Frittierfett) bestehende Legende der österreichisch-ungarischen Küche Stoff zur religiösen Auseinandersetzung. Nicht wenige Wiener würden sogar dafür plädieren, ihm den Status einer eigenen Religion zu verleihen, inklusive Gotteslästerung, Schisma und allem, was dazugehört. Daraus zu schließen, dass es sich um einen biblischen Tanz um das Goldene Kalb handle, nur weil das Wiener Schnitzel aus Kalbfleisch besteht und, wenn korrekt paniert, einen goldenen Schimmer hat, wäre freilich zu billig. Während der Rest der zivilisierten Welt sich dem Schnitzel nicht mehr als zwei-, dreimal im Jahr hingibt, tut dies der durchschnittliche Wiener zwei-, dreimal die Woche. Dementsprechend familiär ist sein Umgang mit dem Allerheiligsten: Im täglichen Sprachgebrauch wird das Wiener Schnitzel denn auch zum Bröselteppich oder gar Bröselfetzen verunglimpft – erst in der Gotteslästerung wird die Kraft des Glaubens schließlich offenbar.

Schön langsam aber wird es Zeit zu definieren, was genau das Objekt der Anbetung eigentlich darstellt und wie es orthodox zuzubereiten ist. Das Ausgangsmaterial ist eine nicht zu dünn, aber keinesfalls dick geschnittene, etwa 140 Gramm schwere Scheibe aus dem Schlögel des Milchkalbs, konkret aus den nach Wiener Fleischhauer-Tradition Fricandeau, Nuss oder Schale genannten Teilstücken. Dieses Schnitzel wird mittels Plattiereisen oder der nicht schraffierten Seite eines Schnitzelprackers (vulgo Fleischhammers) auf etwa einen halben Zentimeter Dicke geklopft. Keinesfalls dünner, da es ansonsten beim Backen austrocknet und zu nichts weiter als einer faserigen Trägermasse für die Panade aus Mehl, Ei und Bröseln würde. Diese wird auf gut Wienerisch „Panier" genannt.

Dass Fleisch nach des Wieners Verständnis ohne sie unangenehm nackt wäre, lässt sich nicht zuletzt daran erkennen, dass ein besonders kleidsamer Anzug auf Wienerisch bis heute als „Einser-Panier" bezeichnet wird.

Der legendäre Wiener Küchenchef Franz Ruhm, dessen Standardwerk „Was koche ich heute? Rezepte der Wiener Küche" in zahllosen Auflagen als das Standardwerk der österreichischen Küche gelten darf, beschreibt das weitere Vorgehen mit der ihm eigenen, hoch präzisen (wenn auch etwas umständlichen) Diktion: „Das Panieren geht der Reihenfolge nach so vor sich, dass das Schnitzel zuerst gesalzen und von beiden Seiten bemehlt wird, sodann zieht man es durch Ei, wozu auf ein Ei eine halbe Eischale voll Wasser und ein Kaffeelöffel voll Öl kommt und gut verquirlt wird. Nun hüllt man das Schnitzel in möglichst gleichkörnige Semmelbrösel ein, wobei die Brösel lediglich ein wenig angedrückt, nie aber angeklopft werden dürfen, wie das so häufig geschieht. Das Panieren soll immer erst knapp vor Tisch vor sich gehen, da durch zu langes Liegen in den Bröseln diese den Fleischsaft anziehen und beim Backen dann nie mehr mürbe und knusprig werden können. Im Gegenteil passiert es häufig, dass in solchen Fällen die Bröseldecke beim Backen vollends aufweicht und abfällt. (...) Das Backfett muss so heiß sein, dass eine nassgemachte Gabelspitze, die man darein taucht, ein empörtes Zischen verursacht. Ferner soll so viel Fett in der Pfanne sein, dass das Schnitzel ‚schwimmen' kann, mindestens aber den Boden der Pfanne daumenhoch bedeckt. Ein Schnitzel, das in gut erhitztes Fett gelegt wird, kann schon nach 1½ Minuten goldgelb geworden umgedreht werden, worauf man es an der anderen Seite ebenso lange fertig bäckt, gut abtropfen lässt und, mit Zitronenspalte und etwas gezupfter Petersilie garniert, sobald als möglich zu Tisch bringt. Werden mehrere Schnitzel für eine Mahlzeit gebacken, dürfen sie nicht übereinander gelegt und auch nicht zugedeckt warm gehalten werden, da dadurch die Bröseldecke aufweicht. Zum Warmhalten stellt man die Schnitzel am besten ins offene mittelheiße Rohr."

> Die Orthodoxie des Rezepts als Mittlerin der Wahrheit ist wohl wichtig – in der stillen Kammer der Küche wird aber die Realität des Glaubens noch einmal ganz persönlich zusammengesetzt.

Das ist nun eine besonders detaillierte Anleitung, wie man sie von den anderen, meist nur wenige Zeilen langen Rezepten Ruhms kaum kennt. Das Schnitzel ist Ruhm eben das Herzstück der Wiener Küche. Gleichzeitig aber lässt das Rezept durch erstaunliche Auslassungen schon erkennen, dass Ruhm wohl weiß, auf welch umkämpftem Gebiet er sich bewegt und wie er sein Bestes gibt, nur ja nicht in eine der Schlingen zu treten, die seine Autorität in Geiselhaft nehmen könnten.

Welches Fett? Welche Beilage? Bei einer Speise von solch identitätstiftender Notorietät sollte derlei eigentlich längst geklärt sein. Die persönliche Nahebeziehung des Wieners zu seinem Schnitzel bringt mit sich, dass er in wesentlichen Details auf Individualität besteht: Die Orthodoxie des Rezepts als Mittlerin der Wahrheit ist wohl wichtig – in der stillen Kammer der Küche aber wird die Realität des Glaubens noch einmal ganz persönlich zusammengesetzt. In der feinen Wiener Küche gilt gemeinhin Butterschmalz als das Fett der Wahl, manchen aber ist der daraus resultierende Geschmack der Panier schlicht zu kuchenähnlich, weshalb die meisten Wiener Restaurants mittlerweile auf Pflanzenöl umgeschwenkt sind und das fertig gebackene Schnitzel bestenfalls mit Nussbutter einpinseln, um so von hinten herum eine Idee von Buttrigkeit in die Komposition zu schwindeln. Am Land und in vielen Familien gilt aber bis heute Schweineschmalz als Backfett der Wahl, das bis vor wenigen Jahrzehnten das weithin gebräuchlichste Backfett war und eine dezidiert rustikale, unvergleichlich reichhaltige Nuance einbringt. Über das richtige Backfett werden an den Tischen der Wiener Beiseln sehr ernsthafte und langwierige Diskussionen geführt – seit Generationen und wohl noch bis in ferne Zukunft.

Die Österreicher haben zwar keinen Kaiser mehr, irgendwie hängen sie den goldenen Zeiten der Monarchie aber schon noch nach. Da tut es gut, dass zumindest das Wiener Schnitzel noch weltberühmt ist und von gekrönten Häuptern hoch geschätzt wird. Von Elvis Presley etwa ist bekannt, dass er der King war, seinen Militärdienst in Deutschland abdiente und dabei nur vier Wörter Deutsch lernte. Die aber waren „Auf Wiedersehen" und „Wiener Schnitzel". Das freut die Wiener bis heute. Dass er die Worte manchmal verwechselte und sich hin und wieder mit „Auf Wiener Schnitzel" verabschiedete, werten sie als besonderes Kompliment.

Davon abgesehen aber ließe sich das Schnitzel-Verständnis unserer amerikanischen Freunde noch ein wenig ausbauen. Als besonders merkwürdiger Hinweis dafür gilt die Website www.wienerschnitzel.com, wo in altdeutscher Schrift ein Delivery-Service beworben wird. Das allein würde dem echten Wiener durchaus schmeicheln. Was ihn jedoch verstört, ist, dass unter diesem Namen keine Schnitzel, sondern vielmehr Hotdogs verhökert werden. Das sind Verirrungen vom rechten Weg des Glaubens, die durch nichts zu entschuldigen sind!

THE WIENER SCHNITZEL
LOVE BOOK

Travnicek am Mittelmeer

GERHARD BRONNER

◀ Helmut Qualtinger (l.) und Gerhard Bronner (r.) bildeten das legendäre Kabarett-Duo der Nachkriegszeit.

*Das Deck eines Mittelmeerschiffes. Zwei Deckstühle.
Darauf zwei Österreicher. Es ist Vollmond, im Hintergrund
Gitarrengeklimper.*

TRAVNICEK, *missmutig:* Des is a Land! Schaun S' da abi ...

FREUND: Ja – und?

TRAVNICEK: Nix wiar a Salzwasser ... und die Gitarren! Net zum anhören ... Wann s' wenigstens Schrammeln hätten ... Und der Mond scheint an ins G'sicht ... es ist net zum Aushalten ...

FREUND: Südliche Nächte, Travnicek?

TRAVNICEK: Her'n S'ma auf mit dem Süden. In der Bahn is' ja noch gangen. Da hab ich kalte Schnitzeln mitg'habt von z'Haus. Und an Erdäpfelsalat im Glasl. Aber da herunt ... Diese Cevapcici wollen s', dass ich essen soll.

FREUND: Was?

TRAVNICEK: Na dö Hundstrümmerl – mit Zwiefel – und ka Schnitzel weit und breit. Ka Erdäpfelsalat ... Für das Geld, was ich da ausgib, halten s' mi am Wörthersee für an Ausländer ... und an guten Wein gibt's net. Nur so an Sauerampfer und an Sliwowitz, an scharfen ... und mit niemand kann man sich unterhalten ... nur mit Ihnen. Ka Ansprach ...

THE WIENER SCHNITZEL
LOVE BOOK

Die Schnitzel meiner Jugend

JOSEPH WECHSBERG

Mit Fotografien von
INGO PERTRAMER

Der große Feuilletonist erinnerte sich auch aus dem New Yorker Exil genau an die Küche, die er in Wien in den 1920er Jahren genossen hatte.

Um die Qualität eines Schnitzels zweifelsfrei belegen zu können, hatten er und seine Freunde sich einen ganz speziellen Test überlegt.

DIE SCHNITZEL MEINER JUGEND

THE WIENER SCHNITZEL
LOVE BOOK

DIE SCHNITZEL MEINER JUGEND

THE WIENER SCHNITZEL
LOVE BOOK

DIE SCHNITZEL MEINER JUGEND

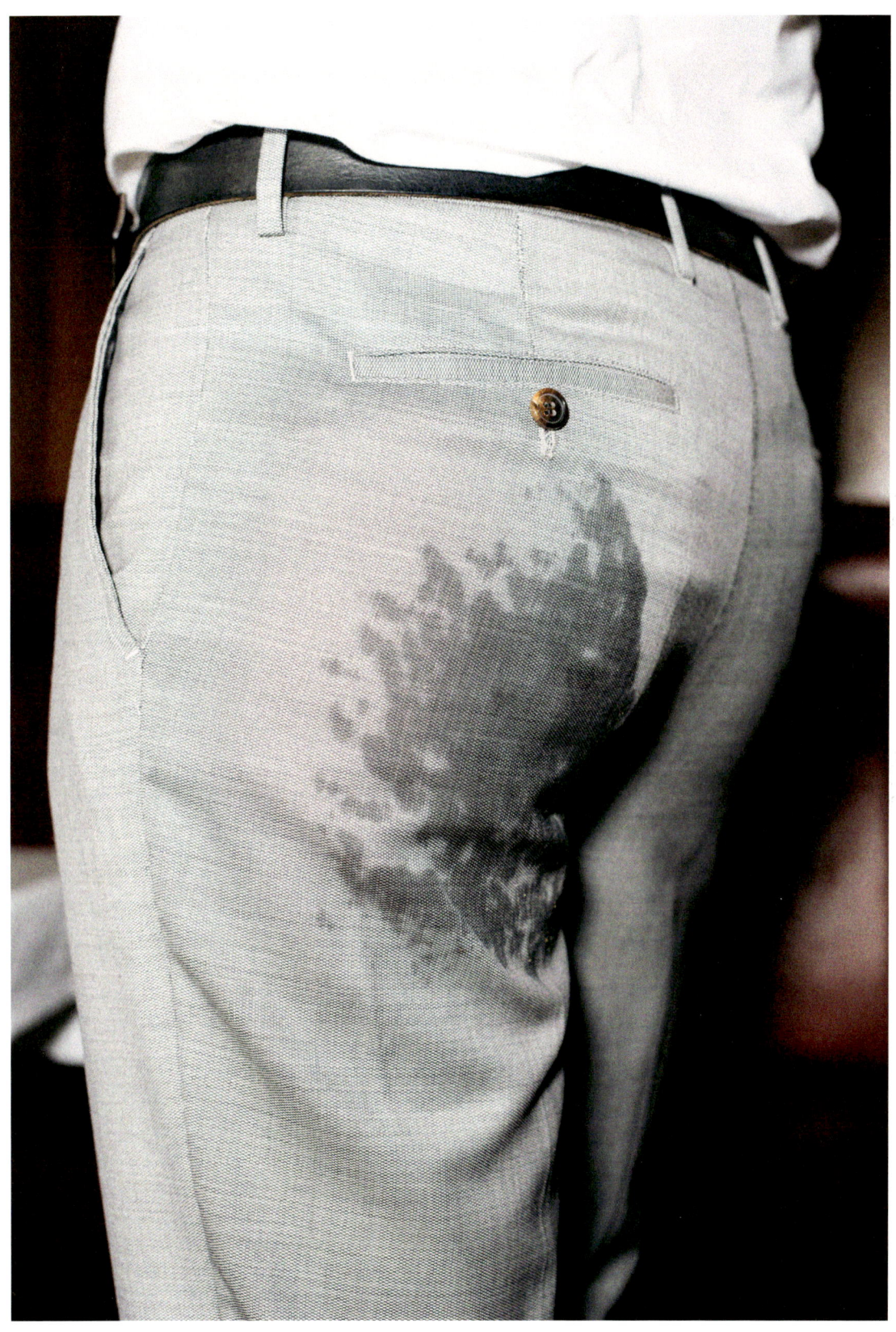

> „Ich habe den Versuch einmal gemacht, aber irgendetwas muss mit dem Schnitzel nicht ganz in Ordnung gewesen sein."
>
> **JOSEPH WECHSBERG**

Während meiner Jugendjahre in Wien hieß es, dass man ein wirklich perfektes Wiener Schnitzel folgendermaßen prüfen könne: Man setze sich mindestens eine Sekunde lang darauf, ohne dass ein Fettfleck am Hosenboden bleibt. Ich habe den Versuch einmal gemacht, aber irgendetwas muss mit dem Schnitzel nicht ganz in Ordnung gewesen sein – wie man leider unschwer an dem großen Fleck auf meiner neuen hellgrauen Hose sehen konnte.

Wenn man das Wiener Schnitzel wirklich schön knusprig genießen will, muss man es sofort nach dem Braten essen. Manche Leute lassen es „noch eine Weile im Ofen", was eine ausgesprochene Sünde ist. Kenner legen nur ein großes Stück Zitrone zu dem Fleisch auf den Teller. Aber das kann natürlich jeder machen, wie er es möchte. Es müssen ja nicht alle Kenner sein, die ein Schnitzel essen.

Wie groß sollte ein Wiener Schnitzel sein? Nach den Vorstellungen darf man den Rand des Tellers unter ihm nicht sehen. Als ich noch Student war, ging ich gerne in ein bestimmtes Restaurant im VIII. Bezirk, wo es zweimal in der Woche unwahrscheinlich große Schnitzel gab. Die Prachtstücke reichten weit über den Tellerrand hinaus, und ich konnte erst einmal fröhlich rundherum essen, bevor ich den Tellerrand überhaupt zu sehen bekam. Das war herrlich. Heute könnte ich mir das nicht mehr erlauben.

    Wenn die Wiener nicht gerade Schnitzel essen, bereiten sie sich vielleicht irgendein anderes Schnitzel zu. Vielleicht ein köstliches Naturschnitzel, einfach kurz in Mehl getaucht, was Ärzte sogar als leichte Diät verschreiben. Oder ein Pariser Schnitzel – der Wiener Variation sehr ähnlich. Es wird nur in Mehl und Ei gebraten ohne Semmelbrösel. Das Cordon-Bleu-Schnitzel, eine Luxus-Ausgabe innerhalb seiner „Verwandtschaft", soll eigentlich eine Schweizer Erfindung sein. Vielleicht deshalb, weil es über eine Scheibe Emmentaler und eine Scheibe gekochten Schinken gefaltet wird. Dem Cordon Bleu ähnelt das Prager Schnitzel mit kleingehacktem Prager Schinken obenauf. Man garniert es mit Eiern und reicht dazu Tomaten sowie grünen Salat.

    Die Schnitzel-Liste ist endlos.

THE WIENER SCHNITZEL
LOVE BOOK

Das Schnitzel im Wiener

MANFRED REBHANDL

Eine Reise zum Wiener Schnitzel und seinen Adepten in die Vorstadtwirtshäuser von Wien

„A Schnitzerl?" Nirgendwo sonst klingt diese hingeworfene Frage vertrauter und selbstverständlicher als in der Wiener Vorstadt, denn „die Wiener essen halt gern Paniertes, und am liebsten essen sie ihren Klassiker, das Schnitzerl." Das weiß der Sous-Chef im Schutzhaus auf der Schmelz, das im tiefsten 15. Bezirk liegt, und das mit dem Panierten und dem Schnitzerl gilt natürlich erst recht für die Wiener aus der Vorstadt. Dort kriegt der Freddy seinen weißen Spritzer samt Schweinswiener ungefragt auf das karierte Tischtuch gestellt, sobald er sich zum Beispiel im Gasthaus Mader, ebenfalls tiefster 15. Bezirk, an den Stammtisch setzt. Die wichtigen Dinge des Lebens werden irgendwann nämlich zur wohligen Routine, und was wäre wichtiger als ein gutes Schnitzerl? Variiert wird dann höchstens noch der Salat: „GeSa oder Erdäpfel?" GeSa nennen sie hier den gemischten.

Die Kellner, die hier Josef oder Hansi heißen und ihre übrigen Bestellungen noch mit Bleistift und Kuli aufnehmen, tragen vorschriftsmäßig speckige, schwarze Hosen zu weißem Hemd und speckigem, schwarzem Gilet. Und das „Auuuufpassen, biiiite! Vooorsicht, bittte!" kommt ihnen mit einem Hauch Böhmisch-Mährisch in der Sprachfärbung über die Lippen, wenn sie mit dem Tablett durch die holzgetäfelte Gaststube tänzeln. Darauf balancieren sie sieben oder acht Portionen der Leibspeise samt Salat im Schüsserl, bevor sie diese mit einer Eleganz servieren, die sie auch zum Tennislehrer befähigen würde oder zum Turniertänzer.

Das gilt erst recht für die Uschi im Gasthaus Kopp, tiefster 20. Bezirk, die ihre Sonntagmittagsfrage verniedlichend vorbringt: „A Schnitzi?" „Aber freilich!" Und wenn der Riesenfleck dann kommt, packt sie einem mit charmantem Lächeln den Teil ein, den man gerade wegen zu großer Sommerhitze nicht geschafft hat, trotz ehrlichen Bemühens. „Damit du zuhause auch noch was zum an mich denken hast", sagt sie dabei und zwinkert einem freundlich zu, und ja, man ertappt sich daheim wirklich dabei, wie man an die Uschi denkt, während man den Tag mit dem Rest seines Schnitzels beendet.

▲ Das Schnitzel samt seinen näheren und weiteren Verwandten spielt auf der Speisekarte des Lands eine Hauptrolle – hier z.B. im Schutzhaus zur Zukunft in Wien-Fünfhaus.

Wenn in der Vorstadt Schnitzel auf der Menükarte steht, mit Supperl vorher, dann werden die Portionen im Halbminutentakt aus den Vorstadtwirtshausküchen zur Schank durchgereicht, von wo aus irgendwer, der Chef meistens oder die Chefin, die den Betrieb in dieser und jener Generation führt, das Klopfen des Fleisches und das Brutzeln der Panier in der Küche ebenso überwacht wie das Verteilen der Menüs in der Wirtsstube. Im Gasthaus Mader steht dort sogar noch eine Telefonzelle mit Münzeinwurf, von der aus man die Polizei anrufen könnte, wenn man gerade in Schwierigkeiten wäre, „Herr Inspektor, mir hams meine goldene Panier gestohlen!" Die Schnitzelpanier, diese wichtigste Panier überhaupt, sie ist vielleicht wirklich das Gold der Wiener, mit der es respektvoll umzugehen gilt, aber keine Sorge: Zu Mittag kommen die Kieberer ohnehin von allein dorthin, notfalls auch mit Blaulicht, um sich ihr eigenes Gold auf ihren Schnitzerl-to-go einpacken zu lassen.

Eine Gemeinschaft Büroangestellter verbringt hier jede ihrer Mittagspausen, und in fast jeder essen sie ein Schnitzerl, zur Abwechslung gibt es höchstens mal ein Gordon. „Es gibt halt nix Besseres!", loben sie übereinstimmend das geliebte Schweinswiener, und wenn man sich ihre beeindruckenden Bäuche unter den Polohemden anschaut, dann glaubt man ihnen aufs Wort. Neulich aber, erzählt einer mit Unverständnis, wäre ein Kollege ins Ausland gegangen, und während sie die letzten Panierfuzzerl, die goldenen, auf ihren Tellern verputzen, fragen sie sich besorgt, was denn der im Ausland nun wohl zum Essen kriegen wird? Kann ja sein, dass er mehr verdienen wird und sich jetzt Kaviar leisten kann und Sushi und solche Sachen, aber so ein Schnitzel wie hier wird er ganz sicher nicht kriegen, von dem auch noch das letzte Tropferl Fett aus der Panier mit dem letzten Stück Fleisch vom Teller aufgewischt und den beeindruckenden Bäuchen zugeführt wird.

Auf der Schmelz im Schutzhaus putzt der Willi drei Mal in der Woche das Schweinskarree, reinigt es von Knochen und Sehnen und schneidet es im „Schmetterlingsschnitt" zurecht. „Wiener Schnitzel vom

Schwein" heißt dann die korrekte Bezeichnung auf der Speisekarte, die von Kellner Didi, der einen auch mal umarmt, wenn ihm danach ist, sofort an jeden der zahllosen Tische in diesem wunderschönen, riesigen Gastgarten unter alten Kastanienbäumen gebracht wird, sobald man irgendwo einen Platz gefunden hat. Hier treten Wiener Unterhaltungsgrößen wie Horst Chmela auf oder das Hans Ecker Trio oder Die Hinischen oder auch Harry Prünster, der mal eine große Nummer im TV war, und wenn sie spielen, dann gibt es Schnitzel.

Wie viele davon kann man in einem Leben eigentlich verdrücken? Viele! Das bestätigt jene 80-jährige Dame, die zusammen mit ihrem auch schon über 80-jährigen Gatten, passionierte Schachspieler, am Rand des Gartens Platz genommen hat, mit der Speisekarten in der Hand. € 9,50 kostet hier sowohl das Schweinswiener als auch das Hühnerschnitzel, und die Leute bestellen es im Verhältnis 60:40, sagt der Sous-Chef. 15 bis 16 Euro für eine Speise, mehr könne er seinen Gästen einfach nicht zumuten, darum gäbe es hier auch kein Kalbswiener, weil das unter 20 Euro nicht angeboten werden kann.

„Heute g'freit's uns nicht zum Kochen daheim!", meinen die beiden Frohnaturen, die während der zusammen gerechnet über 160 Jahre, die sie nun bereits über die Erde wandeln, „schon sehr, sehr viele Schnitzel gegessen haben." Und obwohl sie, die rüstige Gattin, in der häuslichen Zubereitung der Speise natürlich unübertroffen ist, beherrscht der Gatte sie auch perfekt, was ihm die Gattin ohne falschen Hausfrauenstolz neidlos zugesteht, im Schach würde man sagen: Remis. Alle Variationen des Schnitzels kamen dabei in den vielen Jahren auf ihre Teller, und jedes einzelne schmeckte hervorragend, wobei sich bei ihm aber über die Jahre eine gewisse gaumenfreudige Hinwendung zum Surschnitzel ausgebildet hat – „Schmeckt irgendwie würziger!", von dem er sich jetzt eines bestellt.

Das wird ihm der Willi zubereiten, während in seiner Küche „It´s not easy" aus dem Radio zu hören ist, aber ein perfektes Schnitzel zu backen ist für ihn längst keine große Sache mehr, auch nicht die Schritte der Vorbereitung, es ist im Gegenteil natürlich längt total „easy" für ihn, auch wenn man sich immer wieder von neuem bemühen muss. Dem imposanten Hackstock hat er mit dem Klopfer in den letzten Jahren eine ordentliche Delle verpasst, dort schneidet er jeweils 22 Gramm vom Schweinskarree ab und 24 Gramm wiegt das Hühnerfilet, wenn es ins Öl kommt. Er hat sein Handwerk im Gartenhotel Altmannsdorf gelernt, das der SPÖ gehörte, die mittlerweile ihre eigenen Probleme mit der Vorstadt hat, aber schon Kanzler Vranitzky war außerordentlich zufrieden mit Willis Schnitzeln, und hier sind es die Gäste erst recht.

Bis zu fünfzehn Kilo vom feinen Erdäpfelsalat gehen an sehr guten Tagen weg, dann laufen fünf oder sechs Kellner durch ihre „Stationen" und servieren je 50 bis 80 Schnitzel. Es kommt also vor, dass der Willi am Tag 400 Schnitzel macht, manchmal die Panier „ein bisserl heller" und manchmal „ein bisserl dunkler", das sind ungefähr die Sonderwünsche, mit

DAS SCHNITZEL IM WIENER

▲
Ein klassisches Wiener
Vorstadt-Wirtshaus:
das Schutzhaus zur Zukunft
in Wien-Fünfhaus

THE WIENER SCHNITZEL
LOVE BOOK

„Zu heiß, also nein wirklich, zu heiß für ein Schnitzel kann es nicht sein!"

KÜCHENCHEF WILLI
IM SCHUTZHAUS ZUR ZUKUNFT,
1150 WIEN

denen er es hier zu tun hat. Wenn richtig viele Schnitzel bestellt werden, dann braucht jeder Kellner einen eigenen Träger, der die Tabletts für ihn durch die Tische balanciert, oder durch den Festsaal und über die Veranda. Aber 11 Uhr tauchen die Gäste in der Regel auf, am häufigsten in den Monaten Mai und Juni, aber auch in den heißen Monaten Juli und August steht den Vorstädtern der Gusto nach „was Paniertem". „Zu heiß", sagt der Willi, „also nein wirklich, zu heiß für ein Schnitzel kann es nicht sein!" Da wird dann halt noch ein Bier bestellt, um den Flüssigkeitsverlust auszugleichen, oder notfalls die klassische Salatmarinade ausgetrunken. Und der eine, der ins Ausland gegangen ist, wird sich in langen Nächten oft fragen, warum er nicht in der Vorstadt geblieben ist, wo er jeden Tag mit den Kollegen sein Schnitzerl essen könnte.

THE WIENER SCHNITZEL
LOC BOOK

Paniertes Schnitzel mit Gurkensalat

ALFRED POLGAR

Der Feuilletonist erklärt, warum das Wiener Schnitzel die Tafelnden in Menschenliebe vereint – und zwar ganz speziell in der Kombination mit Gurkensalat.

Im Wein liegt die Wahrheit, im guten Essen Liebe. Der Betrunkene spricht, wie ihm ums Herz ist, der Begessene hat plötzlich Herz, das er früher nicht hatte. Nachsicht, Verstehensfreude, Lust zur Gerechtigkeit überkommen ihn. Brücken der Sympathie spannen sich ins Nahe und Weite, ein rosenroter Nebel verkürzt Entfernungen und verdeckt Abgründe, und der Mensch ist gut. Seine Zunge setzt die zugeführten Kalorien in Geschwätz um, anders als die Zunge des Trunkenen, die Inhalt verschüttet aus der vollen Schale des Bewusstseins und zum Vorschein bringt, was auf deren Grunde lag.

Die Gesetze der seelischen Wirkung guten Essens, die mit der körperlichen Hand in Hand (oder besser: Seele im Bauch) geht, sind rätselvoll und undurchdringlich, aber es gibt da immerhin ein paar stets wiederkehrende Grundtypen.

Panierte Schnitzel mit Gurkensalat, zum Beispiel, fördern die Entwicklung einer Art Gemüt-Klebstoffes, der die Tafelrunde zur symbolischen Einheit verbindet. Mancher Esser spürt diese Einheit so stark, dass er das Bedürfnis hat, sie über die fliehende Speisestunde hinaus zu retten. Solcher Typus wird schon bei der Suppe von Menschenliebe heimgesucht, beim Braten hat er bereits alle Anwesenden zu sich geladen, beim Käse unverbrüchlichste Abmachungen für gemeinsam zu verbringende Ferien getroffen, und beim schwarzen Kaffee ist aus den Ferien schon das ganze Leben geworden.

Bekannt ist auch das Gegenstück zu diesem Typus: der pessimistische Gutfresser. Seine mürrische und bittere Grundstimmung entsteht durch sittliche Überkompensation des leiblichen Wohlgefühls. Dieser Typus fühlt durch sein Essbehagen das moralische Gesetz in sich beleidigt und produziert, zwecks Genugtuung des Beleidigten, Trübsal. Er schämt sich, dass es ihm mundet, und hat die Tendenz, zu zeigen, wie schlecht ihm schmeckt, dass es ihm gut schmeckt. Fragt man ihn: „Wollen Sie Kompott oder Salat?", so erwidert er gallig: „Die Frage ist im Kommunistischen Manifest bereits entschieden", und nimmt beides.

Sehr merkwürdig ist eine andere typische Reaktion auf gutes Essen, die darin besteht, dass der Esser – ganz unvermittelt und ohne gereizt worden zu sein – zu verschiedensten Fragen, zu denen er gar keine Stellung hat, Stellung nimmt. Plötzlich, ohne dass eine Assoziationsbrücke ihn dorthin geführt hätte, sagt er etwa: „Die X. hat doch den schönsten Sopran von allen Konzertsängerinnen." Es ist gar nicht wahr, dass die X. den schönsten Sopran hat, aber es ist auch gleichgültig; der Mann hätte ebenso gut sagen können:

„Sie hat den hässlichsten Sopran" oder „Sie hat den schönsten Bass". Denn nicht darauf kommt es ihm an, eine Meinung zu äußern, sondern nur darauf, *irgend etwas geistig zu kauen*. Hierbei erzeugt er eben Sprechgeräusche.

Ich erklärte mir anfangs solche Lust am Urteilen ohne Urteil, am Standpunkte-Fixieren ohne Standpunkt als eine Ausartung des durch gutes Essen gesteigerten Ich-Gefühls ins Pantheistische, als eine Variante von „Seid umschlungen, Millionen", als Folge erhöhter Vitalität, die ihre Überschüsse leichthin verausgaben will. Aber dann bin ich darauf gekommen, dass der wunderlichen Erscheinung ein einfacher psychologischer Vorgang zugrunde liegt: ein schlichtes *Rülpsen des Gehirns*.

Was so kuddelmuddlig drin herumschwimmt, wird von dem durch Fleisch und Süßspeise vermehrten Blutdruck nach außen und oben gerissen. Der Sprecher hat hierbei sichtliche Lustgefühle, wie sie gemeineren Naturen nach gutem Essen schon durch das gewöhnliche Aufstoßen, den bekannten *singultus communis*, bereitet werden.

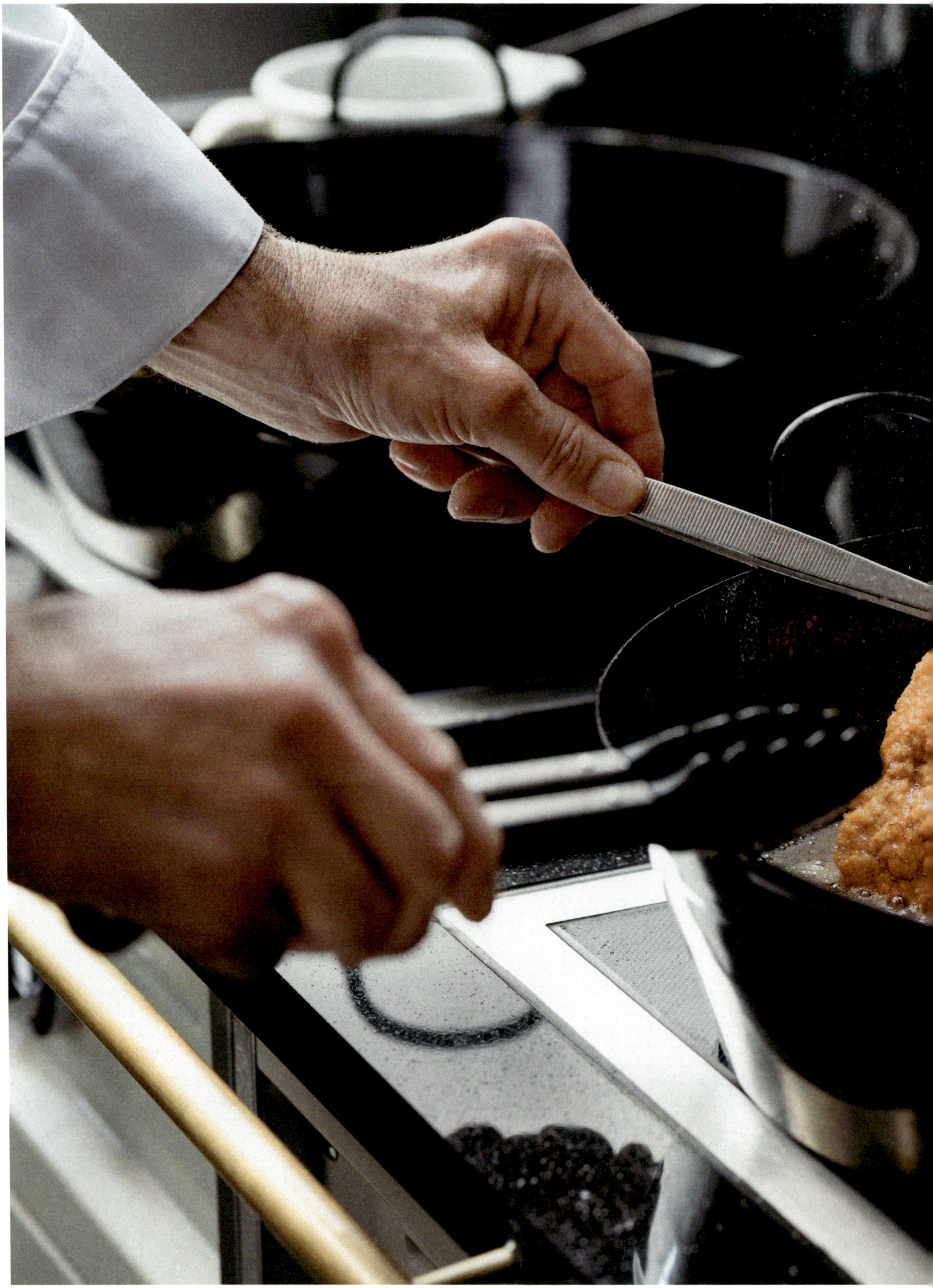

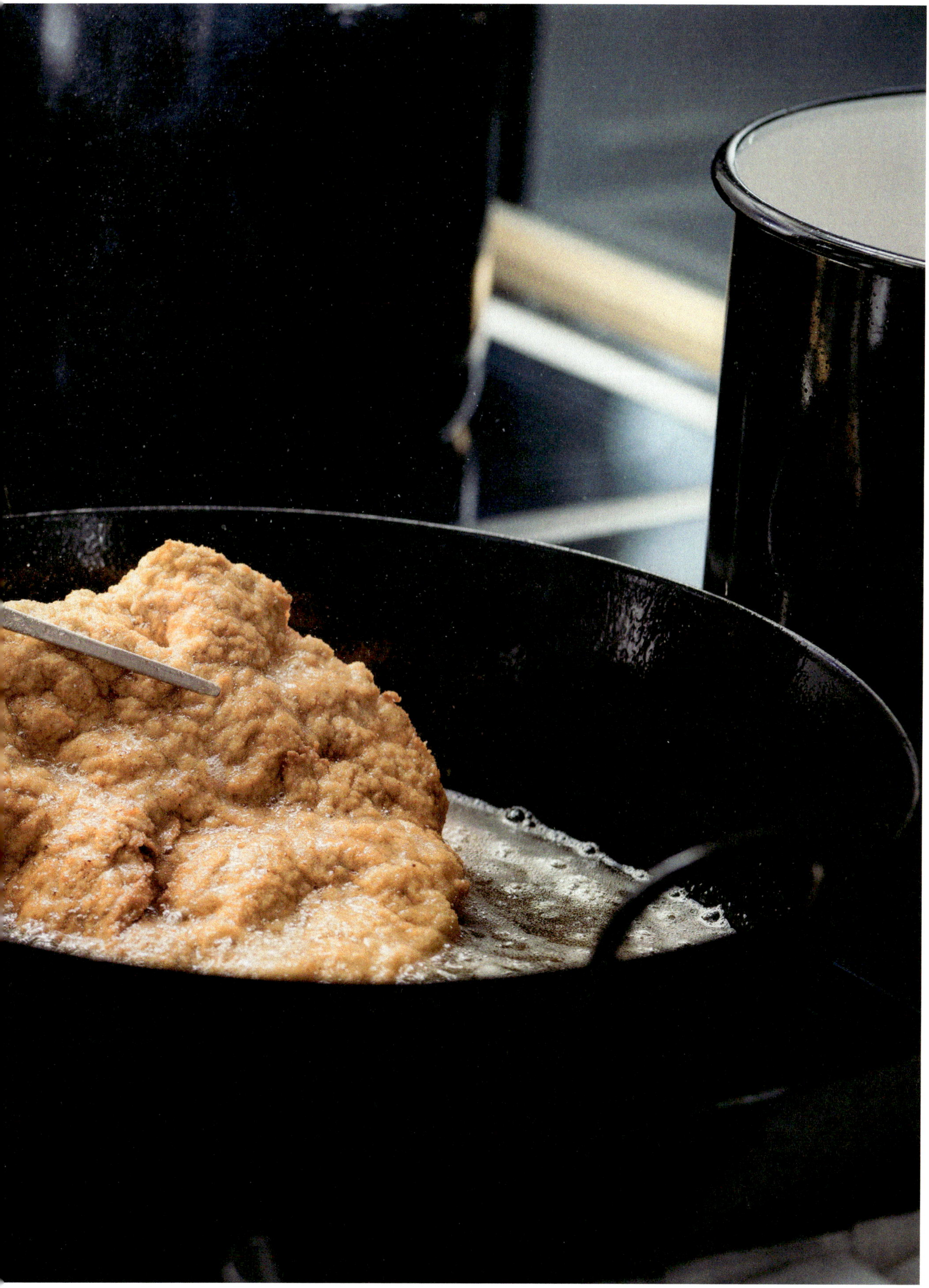

THE WIENER SCHNITZEL
LOVE BOOK

„Aussabochn"

**ALFRED DORFER,
JOSEF HADER,
PAUL HARATHER**

AUSSABOCHN

Der 1993 gedrehte Spielfilm „Indien" ist längst österreichisches Kulturgut. Es ist die Geschichte der Gasthaus-Inspektoren Heinz Bösel und Kurt Fellner, gespielt und geschrieben von Josef Hader und Alfred Dorfer, gemeinsam mit Regisseur Paul Harather. Sie illustriert das österreichische Selbstverständnis auch deshalb so treffend, weil darin eine sehr spezielle Nahebeziehung zu allem Gebackenen erzählt wird. Eine legendäre Szene dazu heißt „Am Bahnübergang". Darin versucht Heinz Bösel (Josef Hader) beim Plaudern im Auto, ein paar Parallelen zwischen seinen eigenen Vorlieben und dem Vegetarismus seines Kollegen Fellner (Alfred Dorfer) zu finden. Paul Harather war so großzügig, uns das Original-Drehbuch des Kultfilms für ein Faksimile zu überlassen.

BILD 9   BAHNÜBERGANG

Fellner ißt Banane

(master)

9   INNEN/AUSSEN – BUNDESSTRASSE – TAG

Innen:
Bösels Auto steht mitten auf der Bundesstraße, mitten in der tiefsten Einöde.
Fellner holt aus einem Papiersackerl eine Banane.

          BÖSEL
     Sie san a ganz a Gsunder. ~~Nur~~
     ~~Gemüse~~, was?

Fellner antwortet nicht. F: Wieso wollens was?

Na, na. ~~Nur~~ ~~Gsunde~~ muß I net ham.
          BÖSEL
     Wos I scho mog, san diese
     Champignons, so aussabochn. Mit
     Sauce Tartare. Früher hab ich
     auch sehr gern gessen diesen
     bochenen Leberkäs. Aber jetzt
     mag i sogma mehr diese Champions,
     net. Des hot irgendwie
     gwechselt.

          FELLNER
     M-hm.

          BÖSEL
     Naja, wenn meine Frau amol net
     daham is, mach i ma selber diese
     Fischstäbchen. Die san gschwind
     aussabochen. Des geht jo sehr
     fix. Oder natürlich a Backhendl.
     Aber nicht zu dunkel. Mehr so
     blond. Was i sogma auch sehr gern
     hob is zum Beispiel italienische
     Küche. Diese Tintenfischringerl,
     die aussabachenen.
     Die san sehr sättigend.
        (Pause)
     Wo i mi net so reiß, is
     Chinesisch.
     Des schmeckt alles so gleich.
        (Pause)
     Bachene Leber hab i sehr gern.

Fellner setzt seine Walkmankopfhörer auf und hört Musik.

          BÖSEL
       (wohlwollend)
     Was hearns'n da?

Außen:
Ein leerer Güterzug fährt durch. Die beiden haben die ganze Zeit an einem Bahnübergang gewartet. Die Schranken öffnen sich. Bösels Arm streckt sich mit einer Dose aus dem Wagen. ZISCHEN. Der Wagen rollt an.

THE WIENER SCHNITZEL
LOVE BOOK

Die zehn Gebote des Wiener Schnitzels

WOLFGANG KRALICEK

ZEHN GEBOTE DES
WIENER SCHNITZELS

I

**Du sollst
keine anderen Schnitzel
haben neben mir.**

Dein Naturschnitzel soll sich gefälligst in die Panier
hauen. Und wenn ich dich noch einmal mit einem
Pariser Schnitzel erwische, gibt's Brösel!

II

**Du sollst auch das
Schweinsschnitzel ehren.**

Ja, eh: Das echte Wiener Schnitzel kommt vom Kalb.
Aber ein Schweinswiener ist auch nicht zu verachten.

III

**Du sollst den Tag des
Schnitzels heiligen.**

Sonntag ist Schnitzeltag. Es gilt aber auch: Ein
Schnitzel macht jeden Tag zum Sonntag.

IV

**Du sollst auch für ein
Schnitzel nicht töten.**

Wer weiß, wie oft es im Gefängnis Schnitzel gibt?

V

Du sollst dir kein Bildnis machen.

Lokale, in deren Speisekarte sich Schnitzelfotos
finden, sind mit Vorsicht zu genießen.

VI

**Du sollst einen Erdäpfelsalat
zum Schnitzel essen.**

Das passt einfach am besten. Pommes sind
grundsätzlich nur Kindern gestattet,
am Freibad-Buffet allen.

ZEHN GEBOTE DES
WIENER SCHNITZELS

VII

**Du sollst keine Sauce auf
dein Schnitzel tun.**

Nein, auch keinen Ketchup. Nur Zitrone
und Preiselbeeren sind okay.

VIII

**Du sollst nicht begehren deines
Nächsten Schnitzel.**

Es sei denn, du bist mit ihm verheiratet.

IX

Du sollst nicht nur Schnitzel essen.

Auch Alt-Wiener Backfleisch ist
ein schmackhaftes Gericht.

X

**Du sollst dein Schnitzel
nicht stehen lassen.**

Wenn gar nichts mehr geht, lass dir
halt ein Stanniol geben.

▲
Ziemlich dick, ziemlich saftig, ziemlich knusprig gerät die Costoletta alla milanese in der Osteria Brunello, einer der anerkannten Hochburgen des gebackenen Kalbskoteletts in der lombardischen Hauptstadt.

La Milanese

Es wäre ein Irrtum, zu glauben, dass nur Wien die Ehre hat, ein Schnitzel nach sich benannt bekommen zu haben. Die andere große europäische Stadt ist natürlich Mailand und seine „Costoletta alla milanese". Das panierte Kotelett soll der Legende nach sogar Ursprung des Wiener Schnitzels gewesen sein. Georges Desrues war vor Ort, um diesem großen Gericht die Ehre zu erweisen, um sich voll Selbstaufopferung durchzukosten – und um zu klären, ob das Wiener tatsächlich eine Weiterentwicklung der Milanese ist.

GEORGES DESRUES

Es mag bei den Wienern für Konsterniertheit sorgen, ist aber ohne Zweifel so: In den gut beleumundeten Restaurants von Mailand spielt das Prinzip des Soufflierens bei der Fertigung einer ordentlichen Costoletta alla milanese ganz eindeutig keine Rolle. Schlimmer noch: Diese in Wien so akribisch gepflegte, höchst komplexe Technik, bei der das Schnitzel so paniert und in Fett herausgebacken wird, dass die Panade sich vom Fleisch möglichst elegant abhebe und wolkig wie knusprig darüber drapiere, ist in der ansonsten für ihren ästhetischen Anspruch weltberühmten Design- und Mode-Metropole sogar gänzlich unbekannt. Das eigentliche Wesen des Wiener Schnitzels hat also gar keinen Platz in dem, was der Mailänder als gelungene Costoletta erkennt.

Das liegt aber keineswegs daran, dass die Mailänder Costoletta-Köche sich nicht für das Wiener Schnitzel interessierten, im Gegenteil. Sie finden nur bei ihren Wien-Besuchen nicht immer gleich jene Etablissements, die ihnen ein echtes Wiener Schnitzel vorsetzen. Der Küchenchef des für seine Milanese berühmten Ristorante „Non solo lesso" etwa erinnert sich noch ganz genau an jenes berühmte Innenstadtlokal, das ihm in Wien wegen des Schnitzels empfohlen wurde. Lange habe er vor der Tür Schlange stehen müssen, um dann ein papierdünn ausgewalztes Stück Fleisch zu bekommen, bei dem die Panier sich keineswegs auf kunstvolle Weise gewellt habe: „Es war flach wie ein Pfannkuchen!" Von derselben Lokalität hat der Küchenchef im Übrigen auch die Vorstellung mit nach Mailand genommen, dass das Wiener Schnitzel ganz im Unterschied zur Costoletta nicht aus edlem Kalb-, sondern aus plebejischem Schweinefleisch bereitet werde.

Das ist freilich Unsinn, wie jeder Wiener von Kindesbeinen an lernt. Es lässt sich nur so erklären, dass der junge Mann es verabsäumt hat, auf der Speisekarte den diskreten Zusatz „vom Schwein" zu bemerken. Umso mehr sollten Wiener Gastwirte ins Gebet genommen werden, die auf Kleingedrucktes anstatt auf Geradlinigkeit setzen und

▸ Originell sind in der Osteria Brunello nicht nur die Begleitung durch Rucola und Rucola-Mayonnaise, sondern auch die Cornflakes, die hier in die Panade gebröselt werden und für zusätzlichen Knusper sorgen.

solcherart nicht nur den Ruf ihrer Heimat als der wahren Panier-Hauptstadt riskieren, sondern auch noch die berüchtigte Überheblichkeit der Italiener in kulinarischen wie kulturellen Dingen befeuern.

THEORIEN VOM GÜLDENEN KALB

Über die ursprüngliche Herkunft des Schnitzels bzw. der Costoletta wird ja schon lange diskutiert – wenn auch aus gänzlich unterschiedlichen Blickwinkeln. Während in Mailand viel Wert darauf gelegt wird, als wahrhaftiger Ursprungsort des panierten Kalbfleisches zu gelten, ist die Sachlage in Wien eine völlig konträre. Im kollektiven

Verständnis der Wiener entstand die Küche ihrer Stadt aus der multikulturellen Identität des untergegangenen Reiches. In der Hauptstadt des habsburgischen Vielvölkerstaates wären die Küchenstile der verschiedenen Ethnien und Sprachgruppen aufeinander getroffen, um sich zu jenem wunderbar harmonischen Ganzen zu vermischen, das man seither die Wiener Küche nennt. Auch das Schnitzel sei demnach ein Produkt dieser die kulinarische Kreativität beflügelnden Gemengelage.

Beiden Versionen haftet wohl einiges an Verklärung an. Schließlich nähren sich alle Küchenstile von Austausch, Handel und Einwanderung – sie sind also in jedem Fall als multikulturell zu betrachten. Das gilt für die Mailänder ebenso wie für die Wiener Küche. Im konkreten Fall kommt das verklärte Selbstverständnis der einen jenem der jeweils anderen entgegen. Und so erzählt man sich in Wien wie in Mailand gleichermaßen die Geschichte von der Costoletta als einer Art kulinarischer Kriegsbeute, die der österreichische Feldmarschall Radetzky, nachdem er im Jahr 1848 die italienischen Aufständischen in Mailand unterwarf, von dort mit nach Hause brachte, wo daraus das Wiener Schnitzel wurde. Eine Legende, mit der sowohl Wiener als auch Mailänder wunderbar leben können.

DIE WISSENSCHAFT SAGT: PARIS

Aus wissenschaftlicher Sicht muss diese Theorie freilich längst als widerlegt gelten. Manch eminenter Historiker verortet den Ursprung sogar ganz woanders: „Woher die vielen Ortsbezeichnungen für bestimmte Speisen stammen, bleibt in den meisten Fällen gänzlich ungeklärt", sagt Alberto Capatti, Professor für Küchengeschichte an der Universität für Gastronomische Wissenschaften im italienischen Piemont, „wahrscheinlich aber ist, dass sie häufig völlig willkürlich von einem einflussreichen Koch in Paris erfunden wurden, der den Gerichten damit einen Hauch von Exotik verleihen wollte, um dieserart seine betuchten bürgerlichen Gäste zu beeindrucken."

Warum ausgerechnet Paris? „Weil für die wohlhabende und privilegierte Schicht in ganz Europa über Jahrhunderte – und bis in die Zeit nach dem Zweiten Weltkrieg – stets nur ein einziges Küchenmodell tonangebend gewesen ist", sagt Capatti, „eben jenes der französischen Hauptstadt. Was sich die Pariser Köche an Zubereitungsarten und Techniken ausdachten, was sie kochten, kodifizierten und benannten, wurde in allen anderen Städten des Kontinents aufgegriffen und reproduziert."

Es wäre also nur logisch, wenn es sich mit dem Wiener Schnitzel oder der Costoletta alla milanese ebenso verhalten hätte. Zumal schon der Begriff Panieren, der die Technik des Einbröselns und Frittierens bezeichnet, vom französischen Verb „paner", mit Brotbröseln umhüllen, abgeleitet ist. Außerdem waren beide Gerichte ursprünglich großbürgerliche Rezepte par excellence, die sich, wie erwähnt, nur eine wohlhabende urbane Minderheit leisten konnte.

Davon zeugen nicht zuletzt die Zutaten: Kalbfleisch war bis ins 19. Jahrhundert für die gemeine Bevölkerung unerschwinglich teuer, Eier und Butter waren Luxus – und das weiße Weizenmehl für Paniermehl und Brösel erst recht. Zudem sind Schnitzel wie Costoletta individuelle Gerichte, die jedem einzelnen Gast als Portion serviert werden. Diese Art von Tischkultur wurde bis vor 100 Jahren ausschließlich in gehobenen urbanen Kreisen gepflegt. „Man kann davon ausgehen, dass die wohlhabenden Bürger in fast allen europäischen Städten des 19. Jahrhunderts weitgehend ähnliche Speisegewohnheiten hatten", sagt Professore Capatti, „und dass diese Essgewohnheiten von Paris aus bestimmt wurden."

DAS S UND DER KNOCHEN

In diesem Licht freilich mag es verwundern, wie fundamental die auf ersten Blick so verwandten Brösel-Vertreter sich im Detail unterscheiden. Während für die Wiener Version ein Schnitzel – also

▸ „Non solo lesso" – Nicht nur Gekochtes – nennt sich ein Mailänder Restaurant, das außer für sein Paniertes auch für das namensgebende gekochte Rindfleisch bekannt ist. Und dieserart gleich auf zweierlei Arten Heimatgefühle bei Besuchern aus Wien weckt.

in der Regel (nicht immer!) eine dünne Scheibe – aus der Oberschale der Keule geschnitten wird, handelt es sich bei der Costoletta, wie der Name verrät, um ein Kotelett. Dazu eine Präzisierung: Lange waren im Italienischen zwei Bezeichnungen gebräuchlich, nämlich sowohl die – wie unser Kotelett – aus dem Französischen stammende Cotoletta als auch die italienischer klingende Costoletta. Ob Cotoletta oder Costoletta alla milanese – das Gericht blieb dasselbe. Erst im Jahr 2008 wurde endlich Klarheit geschaffen. Damals beschied die Mailänder Stadtverwaltung, dass von nun an nur noch Costoletta als offizieller Begriff zu verwenden sei, weil die Version mit „s", angeblich im Gegensatz zur

Cotoletta, den Knochen noch dran habe. Was genau das Binnen-S mit dem Knochen zu tun hat, bleibt freilich das Geheimnis der ehrwürdigen Stadtregierung.

Zweiter wesentlicher Unterschied: Mehl als Bestandteil der Panade. Beim Schnitzel ist es völlig unerlässlich und formt neben Bröseln und Eigelb die heilige Dreifaltigkeit der Panier. Bei der Costoletta hingegen fehlt es im mehr oder weniger offiziellen, von den Mailänder Oberen abgesegneten „Originalrezept" der Costoletta. Nicht jeder Mailänder Koch aber verzichtet deshalb darauf.

DAS FRÜHSTÜCKSSCHNITZEL

In der Osteria Brunello, einem der eminenten Panier-Tempel der lombardischen Metropole, verwendet man gar Hartweizengrieß, wie er sonst zum Pasta-Machen eingesetzt wird. „Weizenmehl macht die Panade zu dick", erklärt Küchenchef Vittorio Ronchi, der nach eigenen Angaben täglich um die 50 Costolette paniert, „deswegen nehmen wir lieber doppelt gemahlenen, also äußerst feinen Grieß vom Hartweizen." Das Lokal mag von Auskennern wie den Kritikern des italienweit geachteten Restaurantguides Gambero Rosso als ein Tempel der Costoletta alla milanese gefeiert werden – zweifelsfrei authentisch wirkt das Mailänder Kotelett hier aber nicht.

Das zeigt sich etwa an den Cornflakes (!), die Küchenchef Ronchi in der Hand zerbröselt und mit den Weißbrotbröseln vermischt. „Natürlich hat das nichts mit dem Original-Rezept zu tun", zuckt Ronchi mit den Schultern, „dafür machen die Frühstücks-Cerealien die Panade ganz fantastisch knusprig." Gebacken wird sein Kotelett in einem Gemisch aus Butter und Öl – laut Vorschrift wäre ausschließlich Butter erlaubt.

Die größte Überraschung in der Abweichung vom Original ist allerdings die Höhe der Costoletta. Statt eines hauchdünn geklopften Fleischteils, wie es auch in Mailand nur zu häufig serviert wird, kommt da ein durchaus dick geschnittenes Kotelett zu Tisch. Die in der Theorie so bizarr anmutenden Cornflakes sorgen in der Praxis tatsächlich für charmanten Knusper. Dazu ist das Fleisch perfekt rosa gebacken, obendrein saftig und geschmackvoll, was auf sorgsame Reifung hinweist.

Unter Auskennern ist die Existenz von dicken wie dünnen Costolette durchaus kein Widerspruch – sie unterscheiden zwischen der „bassa" (niederen) und der „alta", der hohen Costoletta. In der Trattoria del Nuovo Macello, noch so einer Mailänder Referenz-Adresse, ist die Fleisch-Tranche sogar zweieinhalb Zentimeter hoch – solides Steak-Maß.

DAS OHR DES ELEFANTEN

Das offizielle Rezept gibt nur wenig Auskunft darüber, wie dünn die Costoletta geklopft zu werden hat. Aber es spricht einiges dafür, dass dünn die traditionelle Variante ist – zum Beispiel jener Spitzname, unter dem das Gericht in Mailand auch bekannt ist. Orecchia d'elefante – Elefantenohr ist die humorige Bezeichnung, auf die man immer wieder dann stößt, wenn das Fleisch derart niedergetrommelt wurde, dass es wirklich hauchdünn ist und deutlich über den Tellerrand hinausragt. Für ein befriedigendes Geschmackserlebnis mag das dann doch um einiges zu dünn sein. Dies ist auch einer der wenigen Punkte, in dem sich Liebhaber und Experten aus Wien wie Mailand einig sind.

Dick, dünn, mit Frühstücks-Cerealien in der Panade oder auf elefantöse Ausmaße ausgewalzt: Die schiere Vielfalt „authentisch milanesischer" Varianten der Costoletta soll nicht verbergen, dass es schon auch ganz klassische und unzweifelhafte Horte des wahren Mailänder Koteletts gibt. Die Antica Trattoria della Pesa ist so einer – und das Musterbeispiel einer gutbürgerlichen Mailänder Trattoria noch dazu. An den Fenstern Gardinen aus Spitzen, an den Wänden dunkles Holz, die Tischtücher blütenweiß und gestärkt. Dazu grantelnde Kellner, die in jedem Wiener Heimatgefühle und folglich Sehnsucht nach Paniertem wecken.

> Seien sie froh, dass wir es nur Elefantenohr nennen – und nicht Elefantenhaut

Auf der Karte steht die Costoletta hier zwischen anderen Klassikern der Mailänder Küche wie Osso bucco oder Risotto alla milanese. Kurzum: ein idealer Ort für eine Costoletta der alten Schule. So sehen das offenbar auch viele der Gäste, die meisten davon gesetzte Herren in Anzügen mit Krawatte, die ganz augenscheinlich überhaupt kein Problem damit haben, wochentags in der Mittagspause eine Costoletta um 30 Euro zu verspeisen. Beilage muss zusätzlich geordert werden.

PÜREE ALS BEILAGE

Auf die Frage, welche denn üblicherweise dazu gegessen werde, schlägt der mürrische Ober gleich vier vor, die unterschiedlicher kaum sein könnten: gemischten Salat, gegrilltes Gemüse, Braterdäpfel oder Püree. Und plötzlich wird dem Wiener Gast bewusst, dass die Beilage zur Costoletta weit weniger kodifiziert ist als der obligate Erdäpfelsalat zum Schnitzel. Denn der ist nun einmal die einzige Möglichkeit, ob es den Bratkartoffel-, Fritten-, Reis- und Preiselbeermarmelade-Verteidigern nun in den Kram passt oder nicht. In Mailand herrscht dagegen Wahlfreiheit.

Ein vertrautes Klopfgeräusch aus der Küche deutet darauf hin, dass das Gericht auf Bestellung zubereitet wird. Serviert wird eine ziemlich dünne Costoletta, selbstverständlich an ihrem Knochen und selbstverständlich alles andere als souffliert. Nicht gerade eine Enttäuschung, aber auch nicht jenes Highlight, das man sich angesichts des stimmigen Rahmens hätte erwarten dürfen.

Auf also zum dritten Lokal, dem bereits erwähnten „Non solo lesso", dessen Koch auf Wiener-Schnitzel-Erfahrung zurückblickt. Der Name bedeutet „Nicht nur Gekochtes" und bezieht sich aufs gekochte Rindfleisch – neben der Costoletta die zweite Spezialität des Hauses. Kein Wunder also, dass man sich als Wiener hier gleich gut aufgehoben fühlt.

Interessanterweise wird in der Karte zwei Mal Costoletta angeführt (hier allerdings Cotoletta geschrieben): ein Mal ganz pur und ein Mal mit Kirschtomaten und Rucola. Der Knochen ist in beiden Fällen dran, geklopft wurden beide alles andere als schüchtern, souffliert ist wieder nichts. Erinnert in Summe tatsächlich an das Schnitzel im berühmten Innenstadtlokal, das der junge Küchenchef auf Feldforschung in Wien aufgesucht hatte – aber eben aus Kalb- und nicht aus Schweinefleisch. Nur dass auf der zweiten Costoletta Kirschtomaten

LA MILANESE

▶ Die Antica Trattoria della Pesa ist ein alteingesessenes Lokal, das folgerichtig eine Costoletta der alten Schule serviert. Für Wiener Maßstäbe bedeutet das in diesem Fall: Viel zu dünn geklopft, viel zu wenig knusprig – und auch viel zu teuer.

und Rucola verteilt sind. Auf der Oberfläche! Bei einem wahrhaftigen Wiener Schnitzel wäre das schon deshalb ein Frevel, weil es die schön soufflierte Panier verdecken würde. Hier indessen freut man sich, dass der Salat der gar flachen und traurig-trockenen Costoletta wenigstens eine Idee an Farbe und Saftigkeit verleiht. Und soufliert wird ja in Mailand bekanntlich sowieso nicht.

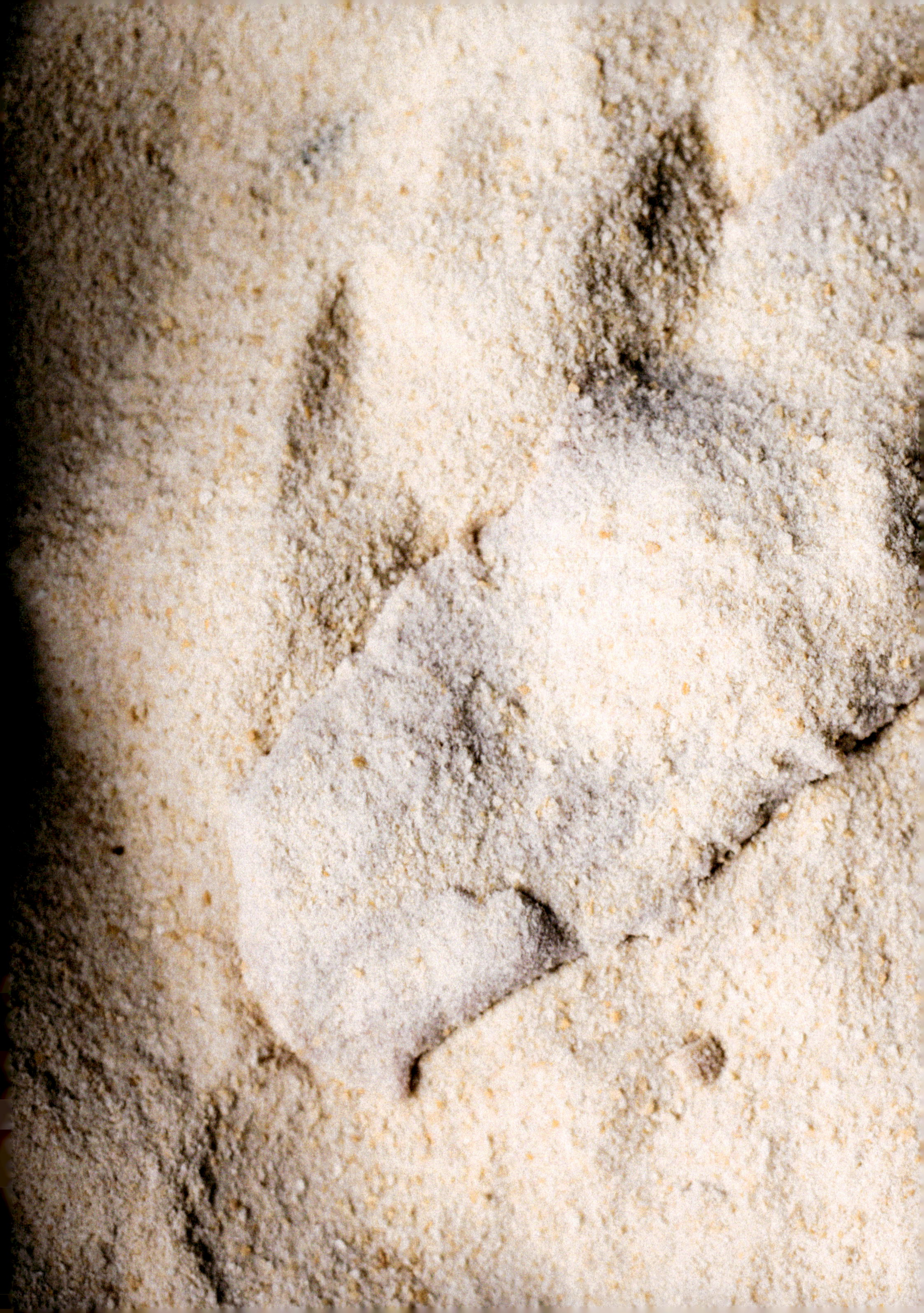

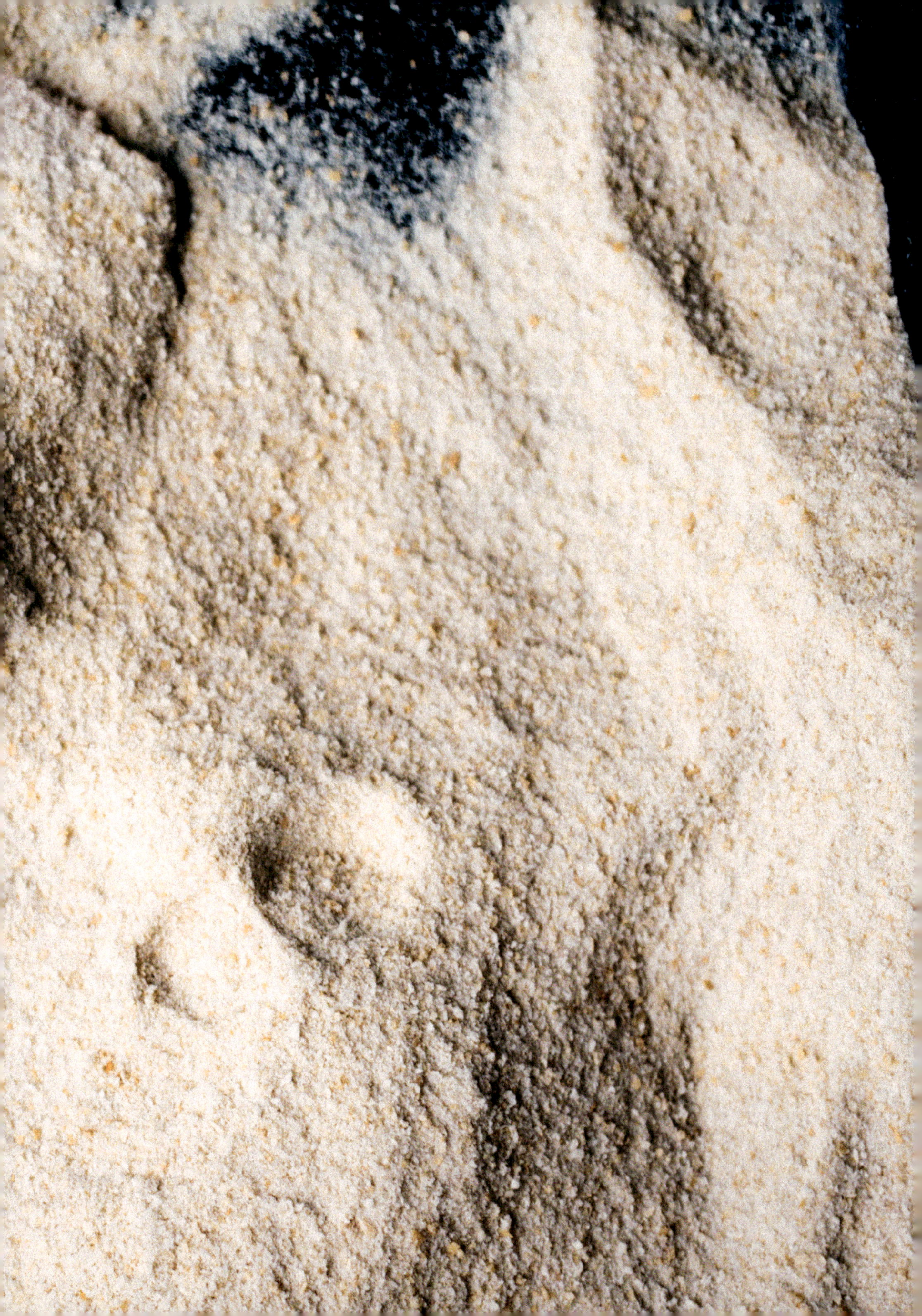

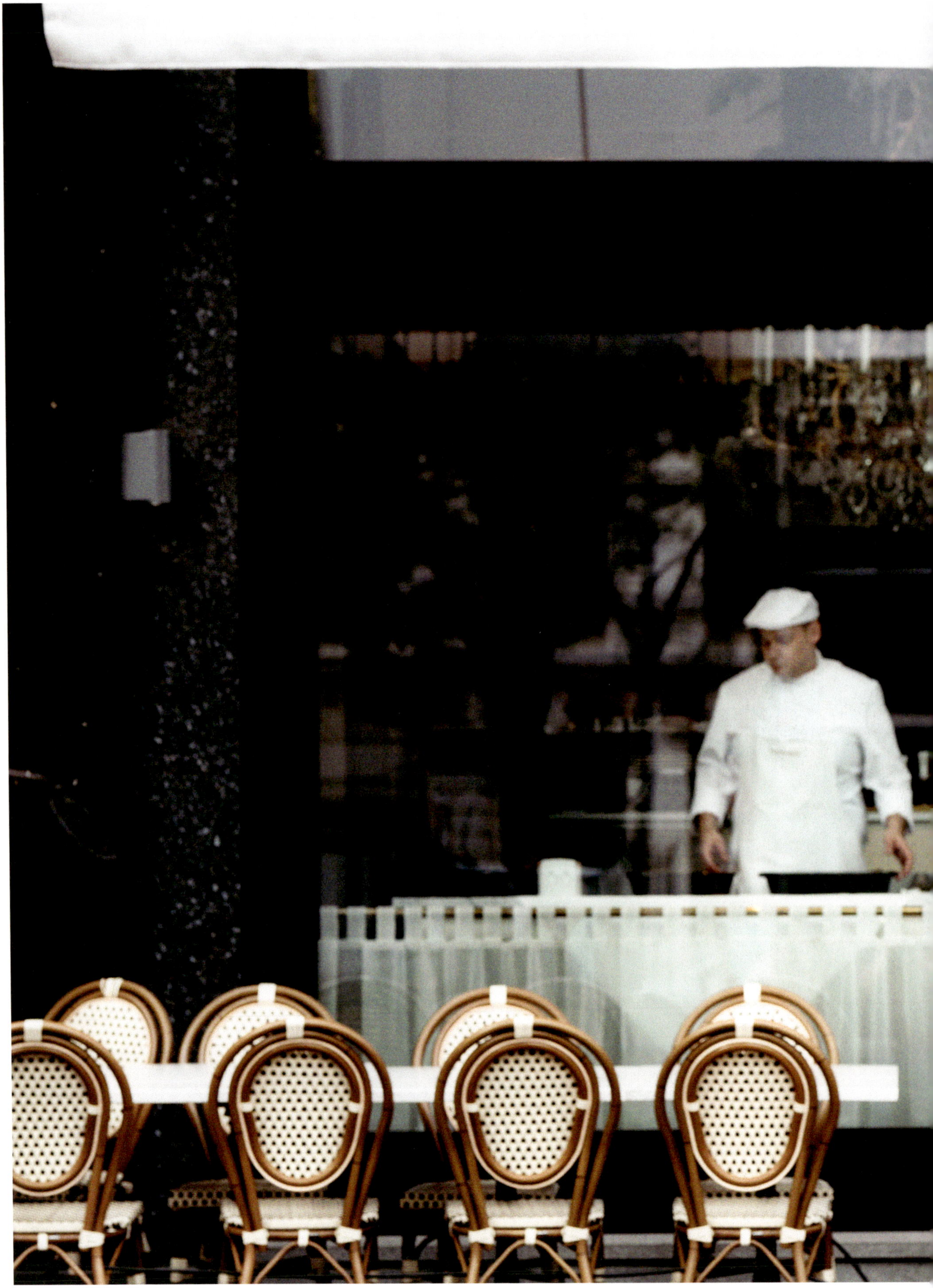

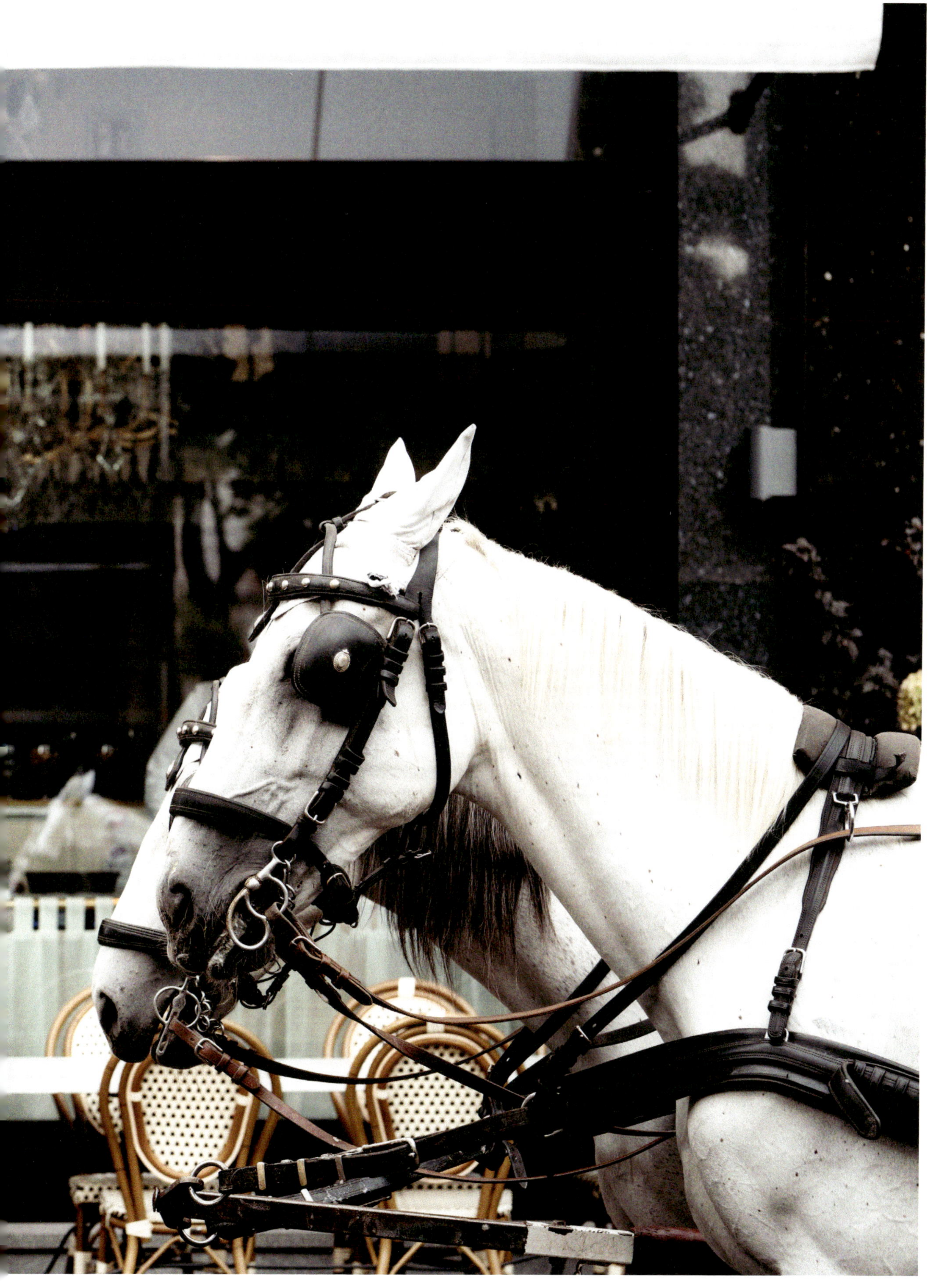

THE WIENER SCHNITZEL
LOVE BOOK

„Costoletta milanese? Das habe ich noch nie gekocht!"

Massimo Bottura gilt als kreativster Koch Italiens, seine „Osteria Francescana" in Modena wurde mehrfach zum besten Restaurant der Welt gewählt. Im Interview mit Georges Desrues erklärt er, warum die Costoletta alla milanese von italienischen Köchen oft neu interpretiert wird. Und warum er in Wien gern Schnitzel isst, aber nie auf die Idee gekommen wäre, selbst eine Costoletta alla milanese zuzubereiten.

Ein Interview mit Massimo Bottura von

GEORGES DESRUES

MASSIMO BOTTURA

Herr Bottura, tendieren Sie persönlich eher zum Wiener Schnitzel oder zur Costoletta alla milanese?
Ich bin ziemlich oft in Wien und esse dann jedes Mal ein Schnitzel mit Kartoffelsalat. Aber auch eine Costoletta esse ich sehr gerne, halt mit einem anderen Salat. Ansonsten sehe ich nicht so viele Unterschiede zwischen den Versionen in den beiden Städten als vielmehr zwischen jenen der einzelnen Köche. Mir kommt vor, dass es mehr auf den Koch ankommt, der das Fleisch zubereitet, als darauf, wo man es isst. Selbst wenn sowohl einige meiner Wiener als auch meiner Mailänder Freunde gerne das Gegenteil behaupten.

Aber da ist doch zum Beispiel auch die Sache mit dem Knochen. Während der in Mailand unbedingt dran sein muss, weil es sich um ein Kotelett handelt, fehlt er in Wien, wo man eben ein Schnitzel nimmt, also ein Stück aus dem Kalbsschlegel.
Das mit dem Knochen stimmt natürlich. Allerdings habe ich in Wien auch schon Schnitzel aus Schweinefleisch, etwa aus Filet, gegessen. Abgesehen davon wird sowohl dort als auch in Mailand das Fleisch oft so dünn geklopft, dass es kaum einen Unterschied mehr macht, welches Teil man verwendet.

„Ich bin ziemlich oft in Wien und esse dann jedes Mal ein Schnitzel mit Kartoffelsalat."

Das brachte den großen italienische Koch Gualtiero Marchesi auf die Idee, seine Costoletta zuerst in kleine Würfel zu schneiden, bevor er sie panierte. Meinen Sie das, wenn Sie wenn sie von unterschiedlichen Versionen der jeweiligen Küchenchefs sprechen?

Ganz genau. Marchesi ging es darum, eine möglichst saftige Costoletta mit rosa Kern zu servieren. Darum die mundgerechten Würfel, die außen knusprig und innen saftig blieben. Das ist etwas, das ich ein konzeptuelles Gericht nennen würde. Während es bei der klassischen Costoletta genau wie beim klassischen Schnitzel nicht um ein Konzept, sondern einfach um Genussfreude geht.

Marchesi war durchaus nicht der einzige Italiener, der die Costoletta völlig neu überdachte. Ihr Kollege Carlo Cracco etwa serviert sie als rohe Scheibe Fleisch neben einer knusprigen Schicht Panier. Was halten Sie davon?

Auch das ist ein interessanter und freilich äußerst konzeptueller Zugang. Noch spannender finde ich persönlich die Version meines Freundes Giancarlo Perbellini. Mit seiner „milanese cotta e cruda", bei der er nur einen Teil des Koteletts frittiert und den anderen roh belässt, vereint er das Beste aus zwei Welten.

Die Wiener Küche würde sich derartige Freiheiten mit dem Wiener Schnitzel kaum herauszunehmen wagen. Wie erklärt sich dieser ungezwungene Zugang der Italiener zu ihren Klassikern?
Hinter der italienischen Küche steht eben eine jahrhundertealte Tradition, die in manchen Fällen auch eine Last darstellt, und einen Koch dazu zwingt, althergebrachte Zubereitungsarten neu zu überdenken. Ich selbst hatte zum Beispiel einmal ein Gericht geschaffen, das ich „bollito non bollito" (Gekochtes nicht gekocht) nannte. Ausgangspunkt war der Bollito misto, also der klassische norditalienische Eintopf aus gekochtem Rindfleisch. Der wurde einst in Zeiten der Not geschaffen, um zähes Fleisch noch irgendwie genießbar zu machen. Heutzutage arbeite ich aber mit exzellentem Fleisch von Rindern, die von verantwortungsvollen Züchtern auf saftigen Almen gehalten werden. Wieso sollte ich es ihnen an Respekt mangeln lassen, ihr hervorragendes Fleisch und damit ihre harte Arbeit missachten, indem ich das Fleisch viel zu lange in heißem Wasser koche, sodass es seinen ganzen Geschmack verliert? Was in früheren Zeiten Sinn hatte, hat diesen heute in vielen Fällen verloren. Und so müssen wir unsere Klassiker eben immer wieder überdenken und uns selbst neuerfinden.

Wie bereiten Sie selbst denn die Costoletta zu?
Ich muss gestehen, dass ich noch nie eine Costoletta gemacht habe. Ich stamme ja nicht aus der Lombardei, sondern aus der Emilia Romagna. Und wenn ich mich mit Klassikern befasse, dann vorwiegend mit solchen aus meiner eigenen Region. Aber die Technik des Panierens wende ich sehr gerne an. Am liebsten bei Filets von fetten Fischen wie Steinbutt oder Lachs. Die paniere ich in der Regel doppelt. Das heißt, ich wende sie zuerst in Bröseln, dann in geschlagenem Ei und danach wieder in Bröseln. Dann kühle ich sie im Tiefkühlschrank auf ca. minus ein Grad herunter. Anschließend frittiere ich sie in 170 Grad heißem Öl, so geraten sie immer perfekt, außen knusprig und innen saftig. Allerdings sollte man das Öl, damit es jedes Mal die ideale Temperatur hat, keinesfalls mehr als einmal nutzen. Und genau so würde ich auch vorgehen, würde ich ein Kotelett panieren.

THE WIENER SCHNITZEL
LOVE BOOK

Der schönste Klang Wiens

Eine Ode an das Wiener Schnitzel

SARAH KELLY

SCHÖNSTE KLANG WIENS

One of the wonderful sounds of Vienna
Grand Old City, steeped in Schmalz
Klopf! Klopf! Klopf! from Schnitzelklopfer
Panierte dancers of the Kalbfleisch Waltz

Klopf! Klopf! Klopf!
Then sizzle sizzle
Muscled arm and rosy cheeks
Klopf! Klopf! Klopf!
Splash! Sizzle sizzle
The sound the hungry Wiener seeks!

„Was darf's sein?
Kalb oder Schwein?
Zitrone dazu?
Preiselbeeren for you?"

The Schnitzel's wonderful heavenly bite
From crispy rim to juice within
Crunchy, meaty, lemony, light
With the squish of spud*, my heart's delight!

So when I turn the corner
Of a little Wiener gasse
And hear the Klopf! Klopf! Klopf!
Echo through my Kopf
There comes a certain lust
For a special crunchy crust

The song of the Schnitzelklopfer
I'll take over any Opera
Ask long dead Habsburg Kings and Queens
It's the schönste Klang Wiens!

*Potato (colloquial)

THE WIENER SCHNITZEL
LOVE BOOK

Der Schnitzelflüsterer

CHRISTIAN SEILER

souffliert sich quer durch die Zeit, rund um die Welt und bleibt doch immer mitten in Wien.

◀ Klassische Wiener Kochbücher (nicht zwangsläufig aus Wien) waren die Grundlage für Christian Seilers Selbstversuch, das beste Schnitzel-Rezept zu eruieren.

▶
„Die Gute Küche" von Plachutta und Wagner ist ein Klassiker der Wiener Küche. Es folgten zahlreiche weitere erfolgreiche Kochbücher, erschienen im Brandstätter Verlag.

Ich bin Souffleur. Es gab Zeiten, in denen ich so viele Wiener Schnitzel soufflierte, dass ich das Gefühl hatte, ich habe das Wiener Schnitzel erfunden. Junge Hausbewohner ernährten sich damals noch nicht vegan, auch die Fleischindustrie wurde noch nicht mit derselben kritischen Distanz gesehen wie heute. Kalbfleisch – mindestens in Form von Kalbspariser zum Essiggurkerl – war ein Grundnahrungsmittel, und der Vorschlag, zum Abendessen ein Schnitzel herauszubacken, stieß jederzeit auf Gegenliebe und hatte keine Klimadiskussionen zur Folge.

Habe ich jemals ein Rezept für das Wiener Schnitzel gebraucht? Ich denke nicht, jedenfalls nicht in der Phase, als ich das Schnitzel persönlich erfunden hatte. Zu Beginn schaute ich vielleicht einmal im ewigen Plachutta-Wagner mit dem euphemistischen Titel „Die Gute Küche" nach, wo ich in vielen Jahren so ziemlich alles gefunden habe, was für mein Leben im Kochverschlag von Bedeutung war. Aber die Rezepte in der „Guten Küche" sind auch von einer so unverschämten Selbstverständlichkeit, dass man sich ihre Handgriffe schnell aneignet und anschließend vergisst, wer den Text dazu formuliert hat. Später mehr dazu.

DER SCHNITZELFLÜSTERER

Trotzdem müssen Selbstverständlichkeiten hinterfragt werden, sogar meine. Es lohnt sich durchaus, manche vergangenen Moden zu betrachten oder ein Wiener Schnitzel zum Beispiel aus dem Kontext des Wienerischen zu befreien, es ist ja zum beliebten Exportartikel geworden. Metaphysisch beschreibt es das Wesen des Österreichischen – zuletzt zierte ein Schnitzel in der Form der österreichischen Landesgrenzen das Cover einer Monocle-Ausgabe über Österreich. Nicht einmal den obercoolen *Dudes* aus dem Lifestyle-Labor war das Klischee also zu abgenudelt, unser Land ordentlich zu panieren, um damit gewisse Nationaleigenschaften zu symbolisieren. Nur eines dazu: Souffliert haben sie uns nicht vorschriftsgemäß …

Kulinarisch hat das Schnitzel Weltkarriere gemacht. So wie das Münchner Oktoberfest längst rund um die Welt gefeiert wird, gibt es auch an den Gestaden des Südchinesischen Meers Wiener-Schnitzel-Lokale, in jeder Großstadt der Welt wird besser oder schlechter „à la viennoise" paniert. In der Schweiz heißt das nationale Lieblingsessen nicht etwa Zürcher Geschnetzeltes, sondern „Schnipo" – Schnitzel mit Pommes". Da wurden also Fakten geschaffen, bevor wir die Beilagenfrage überhaupt auch nur gestreift haben.

Beginnen wir mit dem scheinbar Selbstverständlichsten, den historischen Ursprüngen unseres Schnitzels. Dafür blätterte ich im Klassiker von Katharina Prato mit dem etwas umständlichen Namen „Die Süddeutsche Küche auf ihrem gegenwärtigen Standpunkte mit Berücksichtigung des Thee's und einem Anhange für das moderne Serviren. Für Anfängerinnen, sowie für praktische Köchinnen" aus dem Jahr 1872. Ein „Wiener Schnitzel" sucht man in diesem Kompendium übrigens vergebens. Was man jedoch findet, sind die sogenannten „eingebröselten Schnitze", ohne Schluss-L, und zwar gleich vier von ihnen: mit Limonensaft. Mit Sardellen. Mit Rahm. Und mit Knoblauch.

Die Vorgehensweise unterscheidet sich doch einigermaßen vom derzeitigen State-of-the-Art-Schnitzel. Das war einen Versuch in meinem Küchenverschlag wert. Ich klopfte und salzte also meinen Schnitz wie vorgegeben, drehte ihn anschließend „in Butter", die ich vorher eigenmächtig verflüssigt hatte – das Rezept sagte dazu nichts –, wendete das üppig glänzende Fleischstück in den Bröseln und briet es wie vorgeschrieben „jäh" ab – wiederum in Butter, was ein Ergebnis zeitigte, für das mich jeder Lehrherr mit dem Fetzen aus der Küche gejagt hätte. Das Ergebnis sah räudig aus, ließ sich aber mit etwas „Limonensaft und aufgelöster Glace", also einem zusätzlichen Doppelwhopper aus Säure und Fett, schon essen, wenn auch mit geschlossenen Augen.

Für die zweite Variante musste ich mein gesalzenes „Schnitzchen" zuerst mit feingehackter Petersilie und zu würzigem Schnee verarbeiteten Schalotten bestreichen, dann, nach „einer Weile" des Rastens, durch warme Sardellenbutter ziehen, anschließend mit Bröseln panieren und jäh abbraten. Diesmal nahm ich Öl, die Hitze tat dem Ansehen des merkwürdigen Schnitzchens gut, und die Mischung aus der Sardellenwürze und den winzigen Schalottenstückchen hatte auch eine gewisse verführerische Exotik. Jedenfalls begann ich den Zusammenhang zwischen Schnitzel und Sardelle besser zu verstehen, den ich bis dato für eine Erfindung teutonischer Kulturimperialisten gehalten hatte.

Die beiden übrigen Varianten zeigen, wie vielfältig der Begriff „Eingebröselte Schnitze" übrigens interpretiert werden kann. Bei der Rahmversion werden die vorher mühevoll gebratenen Fleischstücke mit saurem Rahm aufgekocht und mit Hirnschnitten garniert. Das ließ ich aus.

Bei der Knoblauchvariante musste ich Zwiebeln, Knoblauch und Petersilie kleinhacken und in Butter anschwitzen, bevor ich das Fleisch darin wendete, bebröselte und briet. Dann jedoch dünstet man die fertig gebratenen Schnitzchen „mit etwas Suppe auf, damit eine kurze Sauce wird". Das ergab etwas sehr Merkwürdiges, was ich zum letzten Mal so ähnlich auf einer burgenländischen Hochzeit gegessen hatte, wo der Kellnerin ein Kotelett in die Hochzeitssuppe gefallen war.

Was die eingebröselten Schnitze am markantesten von einem ehrgeizigen Wiener Schnitzel unterscheidet, ist natürlich die Panier. Das Fehlen von Mehl und Ei machte sich bei meinem Reihenversuch schmerzlich bemerkbar, ich suchte also nach historischem Fortschritt. Im „Koch- und Haushaltungsbuch der gut bürgerlichen Küche" von Alice Urbach aus dem Jahr 1938 hat das „Wiener Schnitzel" nur einen wenig glamourösen, fünfeinhalbzeiligen Auftritt – aber immerhin bereits unter diesem Namen und auf vertraute Weise. Im Kapitel „Kleinere Fleischspeisen" taucht es gleichberechtigt zwischen „Hirnschnitzerl", „eingemachtem Kalbfleisch" und dem „Schnitzel à la Holstein" auf, die Anweisungen lauten rudimentär: „Schöne Kalbschnitzel" – von denen wir nicht mehr erfahren, als dass sie zwischen zehn und zwölf Deka schwer sein sollten, ein, wie ich finde, gutes Format – „werden geklopft, gesalzen, in Mehl umgewendet, in leicht gesalzenem, zerklopftem Ei gedreht und in feinen Semmelbröseln gewälzt. In heißem Fett oder Öl herausbacken. Als Garnierung werden Zitronenscheiben verwendet."

Die Legende des Wiener Schnitzels ist an dieser Stelle kein Thema, wir erfahren nur handfest Diätetisches: dass nämlich zehn Deka davon eine etwa „drei- bis vierstündige Verweildauer im Magen" haben.

Da holt Küchenchef Franz Ruhm in seinem Klassiker „Perlen der Wiener Küche" aus dem Jahr 1953 doch etwas weiter aus. Das Wiener Schnitzel sei „nicht zu Unrecht" „von allen Wiener Speisen" „am beliebtesten in der Welt" geworden. Ruhm gibt so klare Anweisungen bei der Auswahl und Zurichtung des Rohmaterials, dass mich der Ehrgeiz packte, seinen Angaben eins zu eins zu folgen. Das Formatieren der Schnitzel – „vom ausgelösten Kalbsschlögel, und zwar am besten vom sogenannten Frikandeau, schneidet man bleistiftdicke rechteckige Schnitzel, die aus zwei zusammenhängenden Teilen bestehen. Das Fleisch wird nur soviel geklopft, dass es eine gleichmäßige Dicke von drei bis vier Millimeter erhält, worauf man die feinen Hautränder an einigen Stellen durchschneidet, damit sich das Fleisch beim Backen nicht zusammenzieht" – überließ ich dem Metzger. Das Klopfen übernahm ich selbst – mit dem Boden eines Whiskeyglases, was die rechteckige Form etwas verwässerte. Meine Nachbarn gewannen in den folgenden Wochen übrigens den Eindruck, dass ich meine Küche umbaue. Sie betrachteten mich im Stiegenhaus mit aufrichtigem Mitleid.

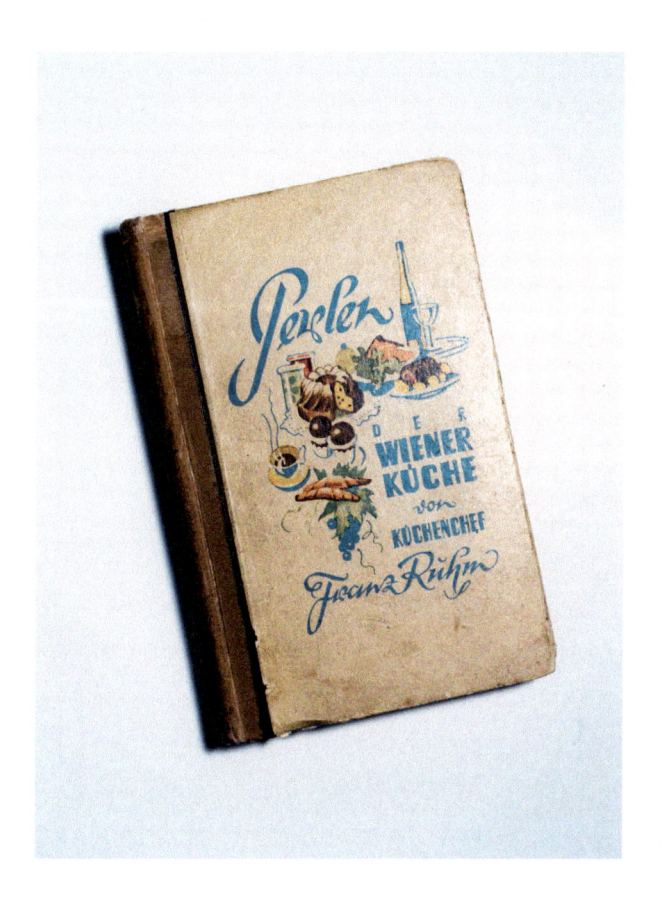

Eigenwillig, aber nicht uninteressant, ist Ruhms Anleitung, die Panier zuzubereiten. Neben dem Mehl, durch welches das Schnitzel gezogen wird, kommt eine Mischung aus einem ganzen Ei, einer „halben Eischale" – ich verstand das als die Schale eines halben Eis – voll

THE WIENER SCHNITZEL
LOVE BOOK

◄
Franz Ruhm war nicht nur ein großartiger Koch, er pflegte auch eine ganz wunderbare Sprache.

Wasser oder Milch (ich entschied mich für Milch) und einem Kaffeelöffel Öl zum Einsatz, die mit der Gabel kurz verschlagen wird. Diese Mischung sorgte eindeutig für eine etwas dickere, fluffigere Panade, für die natürlich auch die üblichen Semmelbrösel zum Einsatz kamen.

Die weiteren Anweisungen sind militärisch. In der „passenden Backpfanne" wird „mindestens daumendick Schweinefett so heiß" erhitzt, „dass eine durch Wasser gezogene Gabel darin ein kräftiges Zischen verursacht." Die Schnitzel sollen etwa eineinhalb Minuten „schwimmen", bis sie unten goldgelb sind, dann werden sie umgedreht, fertig gebacken, dann „vom Fett gehoben" und „trocken angerichtet". Als Garnitur kommt – die 1950er Jahre verlangen nach ein bisschen Farbe – ein Sträußchen Petersilie und eine Zitronenscheibe zum Einsatz.

Das Ergebnis war gut. Die Panade ging schön auf, warf Falten und entwickelte die erwünschte, knusprige Geschmeidigkeit. Das Fleisch fand ich etwas dünn, daher auch tendenziell trocken. Der Duft nach Schmalz hing zwar wie Herbstnebel in der Küche, beeinträchtigte den Geschmack des Schnitzels aber keineswegs. Nur die Veganer im Haushalt beschwerten sich über das Gemetzel.

Als Beilage sieht Küchenchef Ruhm übrigens grünen Salat vor oder aber diesen über alle Zweifel erhabenen Gurkensalat: „Für vier Portionen werden ein Kilogramm feste, frische Salatgurken geschält und auf dem Gurkenhobel feinblättrig geschnitten. Diese Gurken mischt man mit dem notwendigen Salz, einer Prise gemahlenem weißen Pfeffer, ein wenig Zucker und mildem Weinessig nach Bedarf ab. Der in einer Schüssel angerichtete Salat wird je Portion mit einem knappen Esslöffel Öl betropft und mit ein wenig rotem gemahlenem Paprika und fein geschnittenem Schnittlauch bestreut."

Da applaudierten auch die Veganer, die sich dazu ein Stück Halloumi oder so etwas herausbuken, unvorsichtigerweise im Schnitzelöl. Ich sagte nichts.

Zurück zum Urmeter der Schnitzelrezepte, zu Plachutta-Wagners „Die Gute Küche". Die Ruhm-Version hatte sich ziemlich vertraut angefühlt, aber Plachutta-Wagner wollen es noch ein Alzerl genauer wissen. Sie nehmen Ruhms Anleitung, die Ränder des „mit Einfach- oder Klappschnitt portionierten Schnitzels" einzuschneiden auf, empfehlen für das Plattieren – ich als „Souffleur" ziehe diesen Ausdruck dem ordinären Klopfen natürlich vor – Klarsichtfolie, um die Oberfläche des Fleisches nicht zu verletzen. Während Ruhm die Stärke des Schnitzels auf drei bis vier Millimeter bemisst, plädieren Plachutta-Wagner für sechs, eine Meinung, der ich mich überzeugt anschließe. Das Bemehlen und durch das verschlagene Ei (ohne Öl und Milch!) Ziehen wie gehabt, aber zum Bebröseln kommt noch die entscheidende Information dazu, die mir schon längst in Fleisch und Blut übergegangen ist, nachdem mir die famose Gerti Sodoma einmal persönlich gezeigt hatte, wie sie gemeint ist: „Brösel zart andrücken", also mit der Handfläche dafür sorgen, dass die Panade einen Grad an Kompaktheit

> Das Wichtigste:
> Brösel zart andrücken.
> Pfanne schwingen.

gewinnt, der sich wenig später bezahlt macht – wenn nämlich „unter wiederholtem Schwingen der Pfanne" die Schnitzel im Fett gebräunt werden. Es wäre übrigens nicht Christoph Wagner, wenn er die Farbe des perfekten Schnitzels nicht kulturhistorisch zu spezifizieren wüsste: „Auch wenn die Brösel heute nicht mehr, wie einst in Konstantinopel und Mailand, aus Blattgold sind, so müssen sie doch goldbraun glänzen." Die Fettfrage wird übrigens überraschend indifferent behandelt: Öl oder Butterschmalz. Das klassische Schweinefett wurde unverschämt wegmodernisiert.

Das Schnitzel gelang, dank der beiden für mich wichtigsten Zusatzhandgriffe: Brösel zart andrücken. Pfanne schwingen. Für die Beilagen haben Plachutta-Wagner erstaunlich wenig Interesse. Sie empfehlen Erdäpfel-, Gurken-, Tomaten(sic!)-, Mayonnaise- oder Blattsalat, Petersilienerdäpfel – also praktisch alles. Gerade, dass keine Pommes frites zugelassen sind (hallo Schweiz!) oder Preiselbeeren empfohlen werden (hallo überall sonst). Allerdings fehlt mir schmerzlich der

▸ Marcia Colman Morton, die Ehefrau des Exil-Wieners Frederic Morton, schrieb in New York ein bemerkenswertes Wiener Kochbuch.

Butterreis, den es bei meiner Großmutter immer zum Schnitzel gab, den ich als klassische Beilage aber in keiner Quelle entdecken kann (wie übrigens auch die Preiselbeeren nicht). Die Oma wird sich das wohl nicht selbst ausgedacht haben …

Ich suchte neue Perspektiven. Ich brauchte weitere Quellen. Ein kluger Verbündeter überließ mir das unbezahlbare Buch „The Art of Viennese Cooking" von Marcia Colman Morton, der Frau des emigrierten Wieners Fritz Mandelbaum, der als Frederic Morton in Amerika zum Bestsellerautor geworden war (und eines der berührendsten Wien-Bücher ever, „A Nervous Splendor: Vienna, 1888–1889", geschrieben hat, das nur nebenbei). Marcia Colman Morton beschreibt 1963 in ihrem Buch, dass sie durch die strenge Hand ihrer Schwiegermutter Rosl „in the world of Schnitzel and Strudl" eingeführt worden sei – und dass ihr Gatte, den sie liebevoll „Fritzl" nennt – hmmm –, ihren eigenen Versuchen „with mysterious good humor" gefolgt sei. Ich persönlich möchte mir ja lieber keinen kulinarischen Begleiter vorstellen, der meine Gerichte am Esstisch mysteriös grinsend in Augenschein nimmt, aber da bin ich vielleicht heikel.

DER SCHNITZELFLÜSTERER

THE WIENER SCHNITZEL
LOVE BOOK

◀

Marcia Colman
Morton:
The Art of
Viennese
Cooking

Jedenfalls liefert Marcia neben den zu erwartenden Superlativen – "the Wiener Schnitzel is the star among veal cutlets" – auch handfeste Informationen. Die Eier für die Panier verlängert sie mit Milch, die Brösel werden mit dem Handballen angedrückt. Sie bemüht zwar eine anonyme Quelle, als sie in der Fettfrage eine Mischung aus "halb Schmalz, halb Öl" empfiehlt, aber gut ist der Tipp allemal: Das schmalzige Tiefdruckgebiet in meiner Küche entspannte sich, der Fluff-Effekt blieb. Nur dem kulturellen Kontext – Marcia Colman Mortons Buch wendet sich schließlich an amerikanische Feinspitze – sind die strikten Don'ts geschuldet, welche die Do's flanieren: Das Aufwärmen eines

Schnitzels „is practically a federal offence", die Verwendung von Ketchup „is also *verboten*". Erlaubte Beilagen: Erdäpfel- oder Gurkensalat.

Etwas weiter holt die nach London exilierte Wienerin Rosl Philpot in ihrem nahezu gleichzeitig erschienenen Buch „Viennese Cookery" (1965) aus. Sie hat sichtlich Spaß an historischen Mutmaßungen – zu den üblichen Schnitzel-Importstorys aus Mailand oder Spanien trägt sie auch die Legende bei, ein türkischer Belagerer habe die Wiener im Jahr 1683 das Panieren gelehrt –, hat aber vor allem auch ein Stimmungsbild im Angebot, das mir als gewerbsmäßigem Klopfgeist sofort ein schlechtes Gewissen einjagt. Rosl Philpot erzählt von einer walisischen Freundin, die in Wien in der Zwischenkriegszeit Englisch lehrte und wochentags vom Teppichklopfen der Hausfrauen bis aufs Blut genervt war. Als sie am Wochenende glaubte, nun endlich ihre Ruhe zu haben, begann der Wirbel erst recht von Neuem: Aus sämtlichen Küchen der Nachbarschaft hörte sie plötzlich das Stakkato des Schnitzelklopfens. Zur Veranschaulichung hebt Philpot sogar das Corpus Delicti, einen illustrierten Fleischhammer, ins Buch.

Folgende nützliche Informationen hat Philpot eingesammelt: Niemals den Metzger das Fleisch klopfen lassen, sondern, Lärm hin oder her, selber hämmern. Niemals auf Vorrat panieren, sondern *à la minute*. Schnitzel ausschließlich in Schweineschmalz herausbacken, das 1,25 Zentimeter hoch in der Pfanne steht. Niemals länger als fünf Minuten lang. Küchenpapier verwenden, um des überschüssigen Fetts Herr zu werden. Keine Garnituren wie Sardellenfilets, Eierspalten oder Kapern verwenden – wie das bei der angeblich französischen Version der „Escalopes de Veau Viennois" im „Sixty Minutes Gourmet"-Buch der „New York Times" warm empfohlen wird – und, „please, no sauce."

Außerdem warnt die einfühlsame Rosl Philpot davor, eine durchaus einfache Speise wie das Wiener Schnitzel nicht zu unterschätzen. Man möge lieber davon Abstand nehmen, eine Dinnerparty für acht Gäste mit frischen Schnitzeln bestücken zu wollen. Vielleicht, so Philpot, die als Zielgruppe eher elegante Köchinnen vor Augen hatte, könne man ja noch das Kleine Schwarze unbeschadet aus der Küche bringen, die frisch manikürten Fingernägel schonen und eine ausreichend große Pfanne anschaffen, in der sämtliche Schnitzel Platz finden. Aber, fragt sie mit pädagogischer Rhetorik, wollen Sie wirklich wie ein Punk nach Fett riechen? Just because: „Frying is a smelly process".

Apropos Fett, Philpot sortiert Alternativen. Zwar befindet sie, dass das wirklich originale Schnitzel nach Schweineschmalz verlangt, aber Erdnussöl sei eine plausible Option. Allerdings bringt sie interessanterweise auch eine viel grundsätzlichere Abweichung von der reinen Lehre ins Spiel. „Notfalls", schreibt sie, könne man ja das Kalbfleisch gegen Schwein eintauschen: „Ich wette, Ihre Gäste werden's nicht merken."

Ich probiere also auch das Schwein und folgte dabei weiterführenden Empfehlungen des Kärntner Weltkochs Wolfgang Puck, der in der „Chicago Tribune" eine Lanze für das Schweinsschnitzel bricht: Der Gründer des legendären „Spago" empfiehlt dafür entweder Schweinslungenbraten oder Schweinsnacken, und weil ich beim „Grünauer" in Wien-Neubau immer wieder so köstliche panierte Schweinsfledermaus bekomme, lasse ich mir vom Metzger auch noch besagtes Stück vom Kreuzbein, der Innenseite des Schweinsschlögels schneiden.

Puck empfiehlt, das Fleisch bis auf sechs Millimeter platt zu klopfen – er bedient sich dabei der Plachutta-Wagner-Methode zwischen den Klarsichtfolien – und verwendet dafür die flache Seite des Fleischhammers. Tock. Tock. Ich klopfe schon wieder. Die Nachbarn leiden. Ansonsten folge ich den üblichen Handgriffen und soufflère im Erdnussöl, Pucks Empfehlung, drei wirklich gute Schnitzel, die eindeutig saftiger, wenn auch von der Textur etwas straffer sind als die meisten Kalbsschnitzel aus dieser Versuchsreihe. Interessanterweise schmeckt mir der Schweinsnacken am besten, knapp vor der Fledermaus, die wegen des spezifischen Fetteinschlusses am meisten Eigengeschmack

tock, tock, tock ....
tock, tock, tock ....
tock, tock, tock ...

ausprägt. Der Lungenbraten ist vom Kalbsschnitzel dann tatsächlich kaum zu unterscheiden, eine interessante Demonstration dafür, dass Geschmack umso beliebter ist, je weniger Charakter er hat.

Die Panier der drei Schweinsschnitzel ist natürlich so gut abgetropft, dass der Scherz, mit dem Puck seine Story in der „Tribune" beschließt, ohne Weiteres auf die Probe gestellt werden könnte: „Ein Herr sollte sich in seiner besten Anzugshose auf das Schnitzel setzen können, ohne dass dieses Spuren hinterlässt." Allerdings schickt er, typisch Amerika, die Warnung nach, dass man den Stunt vielleicht doch nicht in echt probieren sollte. Puck kennt seine Pappenheimer und ihre Neigung zu Schadenersatzforderungen. Schließlich muss ja auch Starbuck's davor warnen, dass der Kaffee heiß ist.

Ich bin erstaunt, wie gut die Schweinsschnitzel geschmeckt haben – und ein bisschen beleidigt: Ich hatte gedacht, der halblustige Witz mit der Anzughose wäre mir eingefallen, nicht Puck. Schon wieder eine

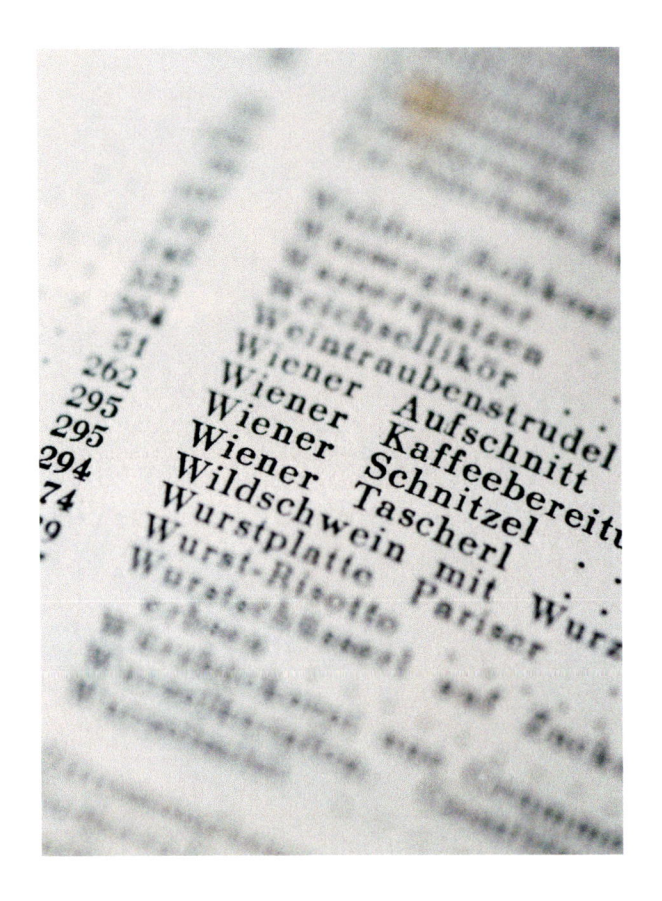

Illusion, einfach zerplatzt. Ach ja, Puck empfiehlt lauwarmen Erdäpfelsalat zum Schweinsschnitzel. Wir kommen der Sache, wie ich finde, schon ziemlich nahe.

Bei meiner Lieblingsautorin Felicity Cloake im „Guardian" erfahre ich gleich darauf, dass es Wiener Restaurants gibt, die ihre Schnitzel „so dünn wie möglich" ausklopfen, damit sie auf dem Teller einen „Durchmesser von dreißig Zentimeter" erreichen. Auch New Yorks Paradeösterreicher Kurt Gutenbrunner („Wallsé", „Café Sabarsky") äußert sich ähnlich. Er bemisst die Höhe des optimalen Schnitzelfleischstücks auf drei Millimeter. Cloake, die in ihrer Kolumne meist mit untrüglichem Instinkt richtige von falschen Rezepten trennt, folgt dieser Einschätzung und empfiehlt, das Schnitzel so dünn wie möglich zu plattieren – wir sollen nur aufpassen, dass wir das Fleisch nicht „in ein Spinnennetz" verwandeln.

Weil ich ein pflichtbewusster Protestant bin, ruiniere ich wider besseres Wissen ein kleines Stück vom Fricandeau, indem ich es – *tock, tock, tock, tock, tock, tock, tock* – tatsächlich auf Kuhfellformat zurichte, fast hätte es nicht in die Pfanne gepasst. Wie es schmeckte? Natürlich so, als hätte ich ein Taschentuch von der „Schwäbischen Jungfrau" paniert. Aber das war unvermeidlich: Das Verhältnis von Panier zu Fleisch stimmt nicht mehr – und man muss schon ein großer Verfechter günstigen Wareneinsatzes sein, wenn man dieses Vorgehen nicht nur in Kauf nimmt, sondern zu seinem Credo macht und dann auch noch laut darüber spricht.

Übrigens taucht auch bei Cloake der alte Schmäh mit der Anzughose auf. Diesmal wird er nicht Wolfgang Puck zugeschrieben, sondern dem Autor Joseph Wechsberg, einem mährischen Juden, der 1938 in die USA emigriert war und kulinarische Feuilletons für den „New Yorker" und „Esquire" schrieb. Nachdem ich zwei von Wechsbergs überaus lohnenden „Letters from Vienna" aus den 1950er Jahren im „New Yorker"-Archiv gelesen habe, neige ich der Meinung zu, dass doch nicht ich die Story erfunden habe – Wolfgang Puck aber bitte auch nicht.

Cloake hat weiterführende Anmerkungen zur Panier. Sie findet Gefallen an Kurt Gutenbrunners Trick, etwas Schlagobers zum Ei zu geben, verwirft aber kühne Aromatisierungen, wie sie zum Beispiel Melissa Clarke von der „New York Times" ins Spiel bringt. Clarke würzt die Panier mit Cayennepfeffer und Muskatnuss. Probierte ich auch aus: Schmeckt, sorry, nach frittierten Krabben aus einer pseudoindischen Garküche.

Damit nähern wir uns unvermeidlich einem dunklen Kapitel der Schnitzelherstellung: dem Frittieren. Es dürfte in der Schnitzelgastronomie die gängige Praxis sein, und damit meine ich nicht nur „Schnitzeleck" und „Pizzakebapschnitzel". Im Londoner Restaurant „Boopshis" – Untertitel: „Schnitzel & Spritz", einer durchaus gehobenen Hütte – wird das Schnitzel stolz in die Fritteuse geworfen, weil es auf diese Weise knusprig wie sonst nie wird.

Natürlich ist das nicht der Punkt. Wer etwas Knuspriges essen will, soll sich eine Familienpackung „Pringle's" besorgen. Auch Felicity Cloake lehnt die Methode also folgerichtig ab, was mir eine plausible Ausrede dafür beschert, mir nach dem Fleischhammer nicht auch noch eine Fritteuse kaufen zu müssen. Cloake plädiert schließlich für das Herausbacken in Ghee, weil sie den Buttergeschmack essentiell findet. Denkbar, aber nicht alternativlos. Nach wie vor halte ich die Mischung von Schmalz und Öl für überzeugend.

DER SCHNITZELFLÜSTERER

Es brauchte einen ausgewiesenen Sternekoch, um das Um und Auf der Wiener-Schnitzel-Produktion endlich angemessen in Worte zu fassen. In ihrem Buch „East of Paris. The New Cuisines of Austria and the Danube" fassen Mario Lohninger und David Bouley vom legendären, inzwischen geschlossenen New Yorker „Danube" die Schnitzel-Geschichte respektvoll, traditionsbewusst, aber mit dem Gefühl für die richtigen Details zusammen. Das beginnt mit den veredelten Beilagen – der Gurkensalat wird mit einer Marinade aus Sauerrahm, Crème fraîche, Champagneressig, Kümmel und Dill angemacht; der Kartoffelsalat mit La-Ratte-Erdäpfeln, Kümmel, Dijonsenf, Chamagneressig, Rapsöl und hellem Kalbsfond. Aber vor allem das Schnitzelrezept ist nahezu perfekt.

Zwar werden die Kalbsschnitzel für meinen Geschmack einmal mehr zu dünn geklopft – auf drei Millimeter –, dafür stimmt alles andere. Aus einem halben Kilo Kalbslende schneidet Lohninger acht etwa sechzig Gramm leichte Medaillons, die anschließend plattiert, bemehlt, durchs verquirlte Ei gezogen und paniert werden – auch hier mit dem unabdingbaren, sanften Druck des Handballens, der die Panier festigt und sichert.

Die Schnitzel sind kleiner als sonst. Beim Fett für die Pfanne wählt Lohninger Rapsöl, das bloß sechs Millimeter hoch in die vorgeheizte, heiße Pfanne gegossen wird. Sobald es zischt, kommen die Schnitzel hinein, werden „unter ständigem Vor und Zurück der Pfanne auf dem Herd" je drei Minuten lang gebacken, bis ihre Panier das obligate Goldbraun angenommen hat. Die wichtigste Information aber schießt der Gastrounternehmer David Bouley, der damalige Betreiber des „Danube", in seinem Begleitwort nach. Der entscheidende Punkt bei der Herstellung des Schnitzels sei die Mechanik des Bratens. Es müsse genug Öl in der Pfanne sein, um im Moment, wenn wir die Pfanne zu bewegen beginnen, wie eine Sturmflut über die Schnitzel hereinbrechen zu können. Diese Wellen finden sich später in der Textur der Panier

DER SCHNITZELFLÜSTERER

wieder. Die Panier – und jetzt verwendet Bouley das erlösende Wort – müsse aufgehen wie ein „Soufflé".

Die richtige Methode, ein Schnitzel zu braten, ist also eher ein zartes Soufflieren als ein grobes Herausbacken. Darin besteht die Kunst. Ein Schnitzel kann auf unzählige Weisen falsch zubereitet werden – aber nur auf eine Weise richtig. Bouley flüstert es, ich stimme in sein Flüstern ein. Er ist mein Souffleur – und ich souffliere für immer, als hätte ich's erfunden.

THE WIENER SCHNITZEL
LOVE BOOK

Schnitzel-Touristin

Schnitzel-Wiener

Die Wiener Autorin und Karikaturistin

ANDREA MARIA DUSL

hat sich des Wiener Schnitzels auf sehr individuelle Weise angenommen und zwei Archetypen des Schniztelkonsums porträtiert.

THE WIENER SCHNITZEL
LOVE BOOK

SCHNITZEL-TOURISTIN

- ABENTEUER-BLICK
- NOT-PELERINE GEGEN UNERWARTETE FRITTIER-DUFT-EPISODEN
- PREISELBEER-LÄCHELN
- POMMES-SCHLEUDER
- THERMOSFLASCHE MIT TUNKE
- SOUVENIR-SEMMEL FÜR BRÖSEL-RIEB DAHEIM
- TOP-MITBRINGSEL: ORIGINAL-SCHNITZEL-PRACKER
- GEHEIM-ADRESSEN AUS DEM AUSKENNER-MAGAZIN
- PICKNICK-TASCHE (KALTSCHNITZEL, GURKENSALAT, BIERCHEN)
- BEISL-SPRACHFÜHRER
- SCHNITTY-ROLLER

SCHNITZEL-TOURISTIN & SCHNITZEL-WIENER

SCHNITZEL-WIENER

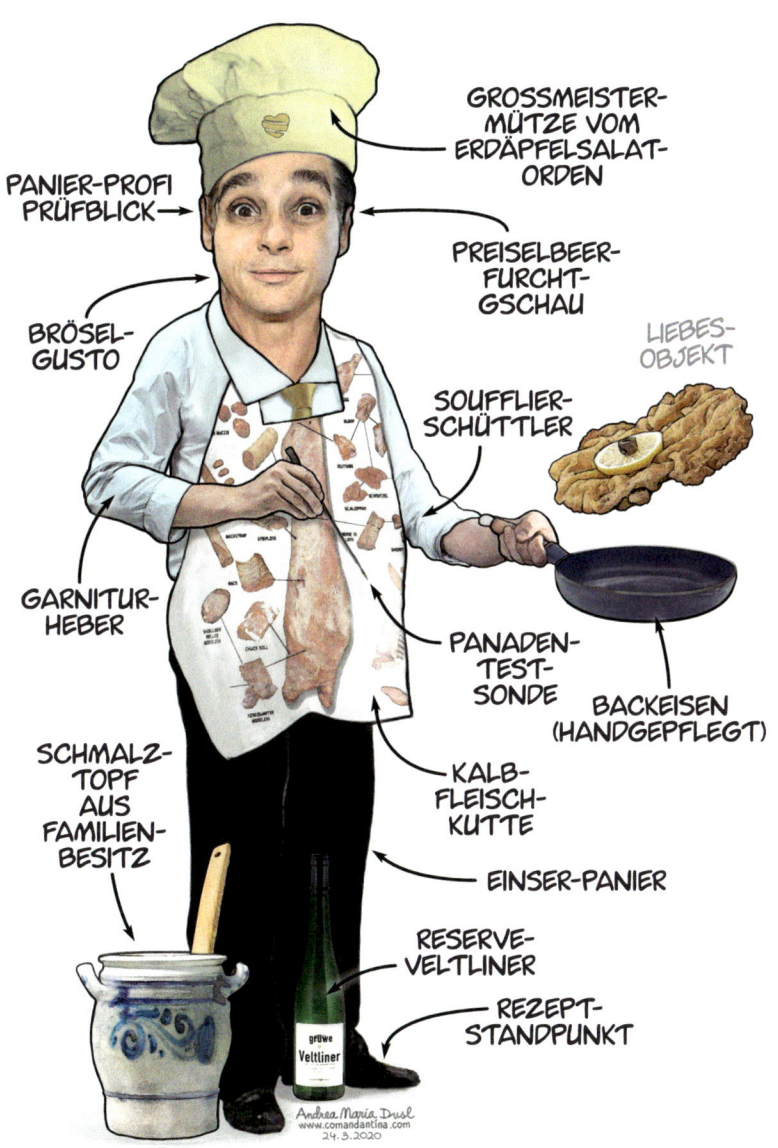

- GROSSMEISTER-MÜTZE VOM ERDÄPFELSALAT-ORDEN
- PANIER-PROFI PRÜFBLICK
- PREISELBEER-FURCHT-GSCHAU
- BRÖSEL-GUSTO
- LIEBES-OBJEKT
- SOUFFLIER-SCHÜTTLER
- GARNITUR-HEBER
- PANADEN-TEST-SONDE
- BACKEISEN (HANDGEPFLEGT)
- SCHMALZ-TOPF AUS FAMILIEN-BESITZ
- KALB-FLEISCH-KUTTE
- EINSER-PANIER
- RESERVE-VELTLINER
- REZEPT-STANDPUNKT

THE WIENER SCHNITZEL
LOVE BOOK

Wo das Schnitzel am besten schmeckt

WLADIMIR KAMINER

WO DAS SCHNITZEL
AM BESTEN SCHMECKT

THE WIENER SCHNITZEL
LOVE BOOK

Das Schicksal hatte mich nach Wien verschlagen, zusammen mit einer kleinen Gruppe russischer Blondinen, die alle zum ersten Mal die österreichische Hauptstadt besuchten. Ich dagegen kannte mich schon ein wenig aus und tat mich als Reiseleiter hervor. Es war Ende Juni, die Stadt mit chinesischen Touristen überfüllt. Im Rosengarten konnte man keine Rose sehen, mindestens fünf Chinesen standen um jede Pflanze herum und taten so, als würden statt Bienen sie die Rosen bestäuben. Um die Albertina wickelte sich eine riesige Schlange. Also gingen wir zum Naschmarkt, meinen Lieblingsort in Wien, wo die Menschen das tun, was sie am besten können: saufen, essen und tiefsinnige Gespräche übers Wetter führen. Die Fischlokale dort verdienen besondere Achtung, obwohl Österreich schon lange keinen Zugang zum Meer hat, können sie sehr guten Fisch anbieten, auch das damals gerade eröffnete israelische Lokal sah sehr einladend aus. Doch meine Blondinen hatten nur eins im Sinn. Sie wollten unbedingt das beste Schnitzel der Welt kosten, das Wiener Schnitzel, das ihrer Meinung nach natür-

> Das Schnitzel ist zu einem Fleisch des Landes geworden, zu einem Nationalsymbol...

lich nur in Wien richtig zubereitet wird. Das Schnitzel ist hier überall gut, klärte ich sie auf. Das Rezept ist längst ins Unterbewusste des Volkes eingraviert, das Schnitzel ist zum Fleisch des Landes geworden, zu einem Nationalsymbol. Die Blondinen glaubten mir nicht, dass die Schnitzel hier überall gleich gut sind. Immerhin kamen wir aus einem Land des schlechten Schnitzels.

In der sozialistischen Gastronomie nannte man jedes Stück Fleisch in Panade Schnitzel. Es war immer Huhn oder Schwein, mit Rind konnten die Russen nichts anfangen, Rinder hatten den Ruf minderwertigen Fleisches (in ländlichen Gegenden ist das bis heute so; dort ist Rind immer billiger als Schwein). Das Schnitzel wurde in den sozialistischen Fabrikküchen als halbfertiges Produkt hergestellt und galt vor allem als gut haltbare Speise.

Die gesamte russische Küche ist im Grunde eine Küche der gut haltbaren Speisen zum Mitnehmen – für lange, unvorbereitete, unerwartete Reisen. All diese russischen Teigtaschen, Pelmeni und Tschebureki wurden in Massen geknetet und eingefroren, weil das Volk in der ständigen Ungewissheit lebte, was der nächste Tag bringen würde. Und das schon seit Jahrhunderten.

Die Geschichte meiner Heimat ist ein fortwährender Bericht der Auseinandersetzung zwischen dem Volk und dem Staat. Der Staat hatte mit dem Volk immer etwas Krummes vor, er führte immer etwas im Schilde, offenbarte nie seine Absichten. Doch die Russen wussten schon immer, egal was kommt, es kann nur schlimmer werden. Besonders oft und gern hat der Staat das Volk umgesiedelt, die Bauern in die Städte, die Arbeiter aufs Land, Weißrussen ans Baltische Meer, Russen nach Kasachstan. Allein für die Eroberung Sibiriens mussten unzählige Dörfer ihr Hab und Gut stehen lassen und in den ungewissen Norden fahren. Diese Unsicherheit spielt in der russischen nationalen Küche eine herausragende Rolle. Man wusste nie, wann man zum Essen kommt. Um ein Gericht zu schaffen, das als Symbol des Landes gelten kann, braucht man dagegen Zeit und Ruhe. Vor allem braucht man den Glauben, dass der Staat nicht abends bei dir anklopft und deine mit Liebe zubereitete nationale Küche selbst auffisst.

Deswegen kneteten die Russen ihre Pelmeni wie verrückt oder sie kochten Borschtsch, eine Rote-Rüben-Suppe mit Einlagen, die man überall und aus allen möglichen Gewächsen herstellen kann. Es gibt mehr Rezepte dafür als Einwohner in der russischen Föderation. Aber zurück zum Schnitzel.

Das Wiener Schnitzel hat sich, so glaube ich zumindest, in den letzten 200 Jahren nicht verändert und ist in Österreich zu Recht eine Spezialität des Landes, ein wichtiger Teil der österreichischen Kultur geworden. Niemand will das bestreiten. In der Regel liegen die nationalen Küchen ständig miteinander im Streit, es werden rund um den Globus Kriege geführt um die Frage, welches Land die Erfindung der einen oder anderen Speise für sich in Anspruch nehmen darf. Allein der Krieg um den Greyerzer Käse, französisch Le Gruyère, zwischen Frankreich und der Schweiz hat unzählige Opfer gefordert.

WO DAS SCHNITZEL AM BESTEN SCHMECKT

Die angeblich unbesiegbaren Amerikaner haben nicht nur den Krieg in Vietnam, sondern auch den im Streit mit Mexiko wegen des Caesar Salad verloren. Die berühmte Kuskus-Frage vergiftet noch immer die Beziehungen zwischen Algerien und Tunis. Und sogar die Nationalität des russischen Borschtsch wird von mindestens einem halben Dutzend osteuropäischer Nachbarländer angezweifelt, allen voran Polen, das der Meinung ist, die Russen hätten alle russischen Gerichte und Getränke in Polen geklaut.

Das Wiener Schnitzel ist in dieser Hinsicht ein Fels in der Brandung. Es gab zwar einige freche Versuche, den Ursprung des Schnitzels auf die etwas dickeren norditalienischen Koteletts zurückzuführen, doch jeder, der einmal ein echtes Schnitzel gegessen hat, weiß, das kann nicht stimmen. Bei allem Respekt vor der italienischen Küche, die Köche dort sind keine Arbeitstiere. Das vordringlichste Ziel ihrer Küche ist es, mit möglichst wenig Aufwand möglichst viele Menschen satt zu machen. Deswegen kochen die Italiener Pasta oder sie backen große Pizzen. Im Schnitzel steckt einfach viel mehr Arbeit drin. Das Schnitzel war nicht umsonst ein begehrtes Sonntagsgericht, da ist die Arbeit der ganzen Familie gefragt, man braucht Konzentration, eine große Küche und viel Geschirr, es wird auf drei Tellern serviert mit dem richtigen Salat und allein dafür bestimmten Beilagen.

Und das Wichtigste nicht vergessen: Das Schnitzel birgt ein Staatsgeheimnis in sich. Ich habe an vielen unterschiedlichen Orten Österreichs dieses Gericht gekostet und kann sagen, das Schnitzel sieht immer besser und größer aus, als es in Wahrheit ist. Es ist wie Österreich selbst, ein Land, in dessen Sprache „Realität" und „Wirklichkeit" verschiedene Begriffe sind, die wenig miteinander zu tun haben. Es gibt nämlich zwei Österreichs, ein riesiges Reich, das auf keinen Teller passt, politisch wie ökonomisch eine gewichtige Stimme Europas, Vorbote der heutigen Europäischen Union, und ein real existierendes dünnes

THE WIENER SCHNITZEL
LOVE BOOK

Stückchen, das sich mit einer knusprigen Panade aus Kunst und Kultur schmückt. Diese beiden Länder leben seit 100 Jahren in einer glücklichen Symbiose und bereichern sich gegenseitig. So ist das Wiener Schnitzel eine gelungene Mischung aus Angeberei und Gemütlichkeit. Manche Köche servieren es mit Preiselbeer-Konfitüre, andere mit Kapern oder sie legen eine Scheibe Zitrone auf den Teller. Ich nehme gerne eine Chilischote dazu.

THE WIENER SCHNITZEL
LOVE BOOK

Das Schnitzel ist Welt

GEORGES DESRUES

Wien ist natürlich die Heimat und der Ursprung des Schnitzels, das seinen Namen trägt. Aber das Schnitzel ist viel größer als die Stadt: Von Tel Aviv bis Montevideo, von Melbourne bis Teheran wird es als Köstlichkeit verehrt. In vielfältig faszinierenden Ausformungen, manchmal auch mit Tunke.

Lior Kochavy hat ganz genaue Vorstellungen davon, wie ein Schnitzel zubereitet und serviert gehört. „Man paniert und frittiert ein Hühnerfilet", sagt der Israeli, „schneidet es in Stücke und stopft es zusammen mit Hummus, Tahina, Krautsalat und mit was man sonst noch möchte in ein Pita-Brot." Eine andere Version des Schnitzels habe er erst kennengelernt, fügt er hinzu, als er vor einigen Jahren nach Slowenien übersiedelte. In Ljubljana organisiert er seitdem ein beliebtes Street-Food-Festival, bei dem selbstverständlich auch die israelische Schnitzel-Pita angeboten wird.

Wir erkennen: Das Wiener Schnitzel ist längst viel größer als Wien, der Kontext, in dem es mit Fug und Recht genossen wird, hat sich verselbstständigt. Das Schnitzel ist dem Genießer, je nachdem, wo er eines bestellt, jeweils ein sehr unterschiedliches Gericht. Die Grundparameter und der Ursprung aber sind allen gleich.

Denn Israel ist nur eines von zahllosen Ländern, in denen das Schnitzel unter diesem Namen zum nationalen kulinarischen Erbe zählt.

Was die Bezeichnung des panierten und gebackenen Fleischteils betrifft, teilt sich die Welt im Wesentlichen in zwei Sphären. In der einen ist die auf Wien zurückgehende Bezeichnung Schnitzel gebräuchlich, in der anderen wird der Ursprung des Gerichts in Mailand verortet. Dazu zählen etwa Spanien und so

▲ Shnitzel in Pita, Tel Aviv: Das Schnitzel ist dem Genießer, je nachdem, wo in der Welt er es bestellt, jeweils ein sehr unterschiedliches Gericht.

gut wie alle Länder Lateinamerikas, wo man das Schnitzel als Milanesa kennt. In der Mehrzahl aller anderen Staaten, von Dänemark bis zum Iran, wird es freilich als Schnitzel, Shnitsel, Schnitty oder Shenitsel verehrt. So auch in Israel.

Dass das Schnitzel von altösterreichischen Einwanderern ins Land gebracht wurde, steht wohl außer Zweifel. Bemerkenswert ist aber, wie es sich im Laufe der Jahre durch die Einflüsse der levantinischen Küche der Araber und arabischstämmigen Juden neu erfunden hat und zu einem Street-Food aufstieg, das sich heute unter Israelis jeglicher Herkunft enormer Beliebtheit erfreut. Sogar eine Restaurantkette gibt es, deren Namen, *Haschnitzelia*, sich am ehesten mit „Die Schnitzlerei" übersetzen lässt.

Diese israelische Version des Schnitzels hat mittlerweile auch internationale Zugkraft entwickelt – rund um den Hype der israelisch/levantinischen Küche hat etwa in Brooklyn ein Lokal mit dem putzigen Namen *Schnitzi* aufgemacht, das diese israelische Variante des Schnitzel-Sandwiches (wenn auch in Baguette statt in Pita gefüllt) pflegt und inzwischen mehrere Ableger und einen Food Truck betreibt.

▼
In Brooklyn wird der Kunst des israelischen Schnitzels bereits in einem eigenen, Schnitzi genannten, Lokal gehuldigt.

DAS SCHNITZEL ALS WÜRSTEL

Bislang verband man in Nordamerika das Wiener Schnitzel auch mit einer frechen Hot-Dog-Restaurantkette, die sich, obzwar sie gar keine Schnitzel verkauft, den Namen *Wienerschnitzel* unter den Nagel gerissen hat. Wobei sich das „Wiener" auf die Würstel im Hot Dog bezieht, für die man sich in den USA seit jeher zwischen den Begriffen „Frankfurter" und „Wiener" nicht entscheiden kann. Warum der Hot-Dog-Shop sich ein „Schnitzel" hintendran gehängt hat, kann aber auch dieser Umstand nicht erklären.

Bekannt ist der Begriff in den USA zudem aus der Musicalverfilmung von *The Sound of Music* aus den 1960er Jahren, die in der gesamten englischsprachigen Welt bis heute einen kaum zu überschätzenden Kultstatus genießt. Darin singt Julie Andrews, dass zu ihren liebsten Dingen knusprige „Apple Strudels" genauso zählen wie „Schnitzel with Noodles". Das mag sich wunderbar reimen, hinterlässt aber die meisten Österreicher in tiefer Ratlosigkeit, da sie sich Teigwaren als Beilage zum Schnitzel ganz und gar nicht vorstellen können bzw. kategorisch ablehnen. Das trifft sogar auf Salzburg zu, wo der Film spielt, und wo gerade auch Eingeborene

◀
Wienerschnitzel? Wienerschnitzel! Die gleichnamige Kette bietet in den USA Hot Dogs mit, äh, Wiener Würstchen.

nicht einmal davor zurückschrecken, ihr Schnitzel mit Preiselbeerkompott und Reis zu bestellen. Ob allerdings „Schnitzel with Noodles" der Hauptgrund war, wieso der Welterfolg ausgerechnet in Österreich bis heute gesnobbt wird, bleibt dahingestellt.

Das mit den Beilagen bzw. der Garnitur ist überhaupt so eine Sache. Viele Skandinavier und speziell die Dänen wundern sich oft, wenn sie in Wien ein Wiener Schnitzel bestellen und es mit einer simplen Zitronenscheibe serviert bekommen. Das auch in Kopenhagen, Aarhus oder Aalborg extrem populäre Gericht wird dort nämlich ausnahmslos mit der traditionellen Garnitur aus Zitrone, Petersilie, Sardellen und Kapern serviert.

▲
Schnitzel wird mit Nudeln serviert! So singt es zumindest Maria, das Kindermädchen der Exil-Salzburger Familie Trapp, in der Inkarnation von Julie Andrews im Hollywood-Blockbuster „The Sound of Music".

Schnitzel mit Tunke!

◀

Original Jägerschnitzel, bekannt aus bundesdeutschen Autoraststätten: eine Art Wiener Schnitzel mit Champignonsauce.

SCHNITZEL MIT TUNKE

Angeblich war dieses elegante, in der klassischen französischen Küche als „garniture à la viennoise" bekannte Topping einst auch in Wien verbreitet. Doch das muss wohl schon sehr lange her sein. Deutlich umstrittener am dänischen Schnitzel ist, dass es oft mit brauner Butter, manchmal aber auch mit Bratensaft (also Tunke!), umkränzt serviert wird. Einem aufrechten Wiener muss im Vergleich dazu wohl die von Julie Andrews besungene, staubtrockene (weil hoffentlich saucenfreie) Kombination mit „Noodles" geradezu appetitlich erscheinen.

Apropos Tunke: Eines der am meisten verhunzten Schnitzel wird wohl in Deutschland zu Tisch gebracht. Nein, es geht ausnahmsweise nicht um das in Österreich sprichwörtlich teutonische Schnitzel „mit Tunke". Das scheint dort inzwischen ausgestorben, zum „Jägerschnitzel" mutiert (mit Champignonsauce!), bzw. nach Dänemark emigriert zu sein. Sondern vielmehr jenes, das in der Pfanne mehr gebraten als gebacken wird. Nun ist schon klar, dass man in Österreich unter „backen" etwas anderes versteht als in Deutschland. Dennoch sollte sich bitte irgendwer finden, der unseren deutschen Freunden erklärt, dass ein paniertes Schnitzel nicht wie eine x-beliebige Frikadelle in der Pfanne angebraten werden darf. Sondern eben in der Schmalzpfanne schwimmend herausgebacken zu sein hat. Oder – wenn man es unbedingt so ausdrücken will – „frittiert". Warum so viele deutsche Köche das immer noch nicht wissen oder verstanden haben, bleibt ein Rätsel. Aber vielleicht liegt's ja tatsächlich an der Sprache. Andererseits: In Berlin, wo inzwischen an jeder Ecke ein ganz passables (und manchmal sogar herausragendes) Wiener Schnitzel serviert wird, können sie es doch!

JAPANISCHER KNUSPER

Auch in Japan, wo es einst von europäischen Seefahrern verbreitet wurde, ist paniertes Fleisch sehr beliebt. Dort nennt man es *katsu*, eine Kurzform von *katsuretsu*, das als Transliteration des englischen „cutlet" gilt. In der Regel handelt es sich um Schweinernes, das in den allermeisten Fällen wundervoll golden gebacken und außerordentlich knusprig zu Tisch kommt. Das liegt auch an Panko, der japanischen, besonders leichten und fluffigen Variante unserer Brösel. In der Variante als Katsukarē wird es mit besonders gewöhnungsbedürftiger, essigsaurer Currysauce serviert. Das Gericht wurde angeblich schon im 19. Jahrhundert in einem Tokioter Restaurant mit westlicher Küche serviert – schuld sind also, wieder einmal, wir Europäer. Aber Japan wäre nicht Japan, gäbe es nicht auch immer wieder Reis dazu – allerdings nicht ganz so häufig wie in Salzburg.

In Frankreich, wo durchaus namhafte Kulinar-Historiker den Ursprung der Zubereitungsart vermuten, spricht man von „escalope viennoise", was eine ziemlich genaue Übersetzung des Deutschen ist. Weil französische Köche die Küchentechnik schon vor Jahrhunderten in genau definierte und kodifizierte Form gegossen haben, ist damit aber noch lange nicht alles erklärt. Die Technik des Einhüllens eines Lebensmittels

◄

Katsukarē ist extraknusprig paniertes Schweinsschnitzel, kombiniert mit essigsaurer Currysauce und Reis. Kommt aus Japan, dem Land der puristisch reduzierten Küche.

▶ Was dem Österreicher sein Wiener, ist dem Slowenen sein Ljubljanska: eine Art Cordon bleu, gefüllt mit Schinken und Käse.

in Ei und Brösel heißt nämlich „paner à l'anglaise" – panieren auf englische Art. Ein „escalope viennoise" ist laut französischem Küchenkodex also ein Schnitzel, das nach englischer Art gebacken und mit Wiener Garnitur serviert wird. Um ein echtes Wiener Schnitzel à la française daraus zu machen, muss es aber, wie auch in Dänemark, zudem mit Nussbutter umkränzt werden.

Gleichfalls aus Frankreich stammt aller Wahrscheinlichkeit nach eine andere, dem Schnitzel verwandte Kreation: Cordon Bleu, das sich in Österreich immer wieder in kreativer Rechtschreibung auch als Gordon Bleu oder gar als Gordon Blue auf Speisekarten findet. Dabei handelt es sich um ein Schnitzel, das mit einer Fülle aus Schinken und Käse auffrisiert wurde. Es gilt in Frankreich als klassisches Kinderessen, vergleichbar etwa mit Fischstäbchen. Das erklärt auch das landesweite Amüsement, als der französische Präsident Macron einst in einem Selbstbedienungsrestaurant vor laufender Kamera ein Cordon Bleu bestellen wollte – woraufhin die Köchin ihm mitteilen musste, dass es dieses nur als Teil des Kindermenüs gebe.

Auch in den Ländern des ehemaligen Jugoslawien ist das Cordon Bleu verbreitet. In Anlehnung an das Wiener Schnitzel wird es dort auch gern in Bezug zur jeweiligen Hauptstadt benannt. In Slowenien heißt es Ljubljanska, in Kroatien Zagrebačka. In Serbien verzichtet man auf eine äquivalente Bezeichnung mit Hauptstadtbezug und kennt es stattdessen unter dem pompösen Namen Karađorđeva šnicla, nach dem Nationalhelden Karađorđe (= Schwarzer Georg). Hier wird es neben Schinken mit Kajmak, einer Art erhitztem und gereiftem Rahm, gefüllt.

Jenseits der Adria, in Italien, ist das Cordon Bleu indessen weitgehend unbekannt. Das ist insofern bemerkenswert, als so gut wie alles mit Schinken und Käse Gefüllte sich im Land der Pizze und Calzoni, der Toasts, Focaccie, Rusticelle und Panzerotti weitreichender Beliebtheit erfreut; und das Schnitzel selbst in seiner Mailänder Variante als Costoletta alla milanese (siehe auch S. 53 ff.) als Teil des nationalen kulinarischen Erbes gilt.

DAS MAILÄNDER SCHNITZEL

Mit solchen Monumenten der italienischen Küche beschäftigen sich die kreativen Köche des Landes offenbar besonders gern. Es mag sein, dass sie ein ausgeprägtes Bedürfnis verspüren, sich der Last der Traditionen zu entledigen – in Italiens Küchen wiegt diese noch schwerer als anderswo. Sakrosankte Klassiker zu dekonstruieren und avantgardistisch zu interpretieren, erscheint da offenbar als willkommene Möglichkeit, am Denkmal zu rütteln.

Die Costoletta bildet da keine Ausnahme, was zu durchaus unterhaltsamen Ergebnissen führt, die in anderen Panier-Hochburgen (und insbesondere in Österreich) geradezu unvorstellbar wären. Eine davon ist die „Costoletta 2000" des großen, 2017 verstorbenen Gualtiero Marchesi, der als Vater der Neuen Italienischen

Küche gilt und Italiens erster Dreisternekoch war. Sie wird bis heute von den ebenso ergebenen wie zahlreichen Schülern des Maestros nachgekocht – ist aber nur mittelbar als Costoletta zu erkennen. Marchesi bestand nämlich darauf, das Kalbskotelett vor dem Panieren in häppchengerechte Würfel zu schneiden.

„Anfangs habe ich die Costoletta ganz klassisch, mit rosa Kern zubereitet", erklärte Marchesi seine Idee, „weshalb beim Anschneiden am Teller Fleischsaft austrat, der die Panier befeuchtet und sie so weniger knusprig gemacht hat – das halbe Vergnügen ging damit flöten." Also erledigte er das Schneiden für den Gast – und vor dem Panieren. Am Teller wird die „Costoletta Marchesi" dann in Würfelform angerichtet, rund um ein Stück, in dem noch der Kotelettknochen steckt. Der nämlich gilt als unabdingbar für eine echte Costoletta, für die traditionelle ebenso wie für die gourmetfein dekonstruierte. Noch einen Schritt weiter ging Sternekoch Carlo Cracco, der sich als Mailänder natürlich auch am berühmtesten Gericht seiner Heimatstadt vergehen musste. Cracco störte sich am Umstand, dass die Panier sich beim Zurechtschneiden oftmals vom Fleisch abtrennt. „Warum also nicht gleich das Ganze getrennt anrichten?", fragte er sich – und servierte einfach eine Schicht knusprige Panier neben einer Scheibe rohen Kalbfleischs. Dass er das Gericht gar nicht als Costoletta alla milanese anbot, sondern es „Milano sbagliato" taufte, was übersetzt soviel wie „verfehltes" oder „verpatztes Mailand" bedeutet, schützte ihn freilich keineswegs vor dem Zorn vieler seiner Mit-Milanesen.

UND IMMER WIEDER POMMES

Bemerkenswerte Popularität erfährt das Schnitzel auch in einer mittelöstlichen Hochburg der guten Küche, dem Iran. Hier wird es „Shenitsel" genannt und vorzugsweise mit Pommes, Salaten und allerhand würzigen Saucen serviert. Paniert wird es dafür ganz klassisch. Auch in Australien, wo es als populäres Pub-Food liebevoll „Shnitty" genannt wird, sind Pommes frites die Begleitung der Wahl – neben den landestypisch unvermeidlich großen Mengen an eiskaltem Bier. Überhaupt darf man annehmen, dass die Kombination Schnitzel und Pommes – in der Schweiz ist sie unter dem Kofferwort „Schnipo" populär – die meistverbreitete weltweit sein dürfte. Was im Fall vieler Länder freilich daran liegt, dass man dort die ideale und in Wahrheit einzig legitime Beilage, nämlich den Wiener Erdäpfelsalat, gar nicht kennt.

Aber gerade beim Schnitzel sollte man von Belehrungen besser absehen. Steht doch seine enorme globale Beliebtheit vor allem für eines: dafür, dass das Schnitzel – ganz egal, wer es erfunden hat und von wo es herkommt – all jenen gehört, die es lieben. Und sie alle dürfen es genau so essen, wie sie wollen und womit sie wollen. Auch die Salzburger.

Und immer wieder Pommes

Schmalz. Ein Nachruf

SEVERIN CORTI

Schmalz gibt uns Kraft, es macht uns warm und gesund. Joseph Beuys wusste das noch. Wir haben es verlernt. Vorbei die Zeiten, als ein ordentliches Schnitzel noch die Ehre hatte, im Fett der eigenen Art zu Gold zu werden. In den Kochbüchern, ja, da ist die Welt noch in Ordnung: Schmalz oder Butterschmalz, sonst darf dort nichts in die Schnitzelpfanne. Und, natürlich, bei Henriette Rois im gleichnamigen Gasthaus am Wechsel, in Mönichkirchen – aber da scheint die Zeit auf vielfältige Art stehengeblieben zu sein. Der Duft, der dort in die Stube weht, wenn die Frau Chef am Holzofen die Bröscllappen ins brodelnde Fett hinabsenkt, auf dass sie sich zu Schnitzeln aufwerfen, dieser Duft ist von einer so handfesten, an der Seele rührenden Zärtlichkeit, dass Frau Rois schon im Vorhinein weiß, was die nächsten Gäste bestellen werden. Man muss dem Schmalz nämlich huldigen, wenn es sich denn offenbart.

SCHMALZ. EIN NACHRUF

▶ Schmalztopf, Österreich, um 1870

Aber sonst? In den Kühltheken der Supermärkte muss man schon sehr akribisch suchen, um seiner noch gewahr zu werden zwischen all den Ersatzfetten, die einem dort untergeschoben werden wollen. Längst hat das Pflanzenöl seinen Platz eingenommen, nicht nur beim Schnitzel, erst recht (und mindestens so fatal) bei den Mehlspeisen. Viele von uns wissen gar nicht mehr, was das ist: ein Faschingskrapfen, in die Schweineschmalzpfanne geglitten, sobald die Luft darüber „zu zittern beginnt", wie die legendäre Prato schreibt, auf dass er zucke und sich zu seiner Pracht und Größe dehne im heißen Bad, bevor er mit dem Backlöffel „leicht und vorsichtig" gewendet werde, um ihn auch auf der zweiten Seite gelb und leuchtend zu backen. Flink mit Zucker beschneit und mit einer Papierserviette (so heiß!) zu den Lippen geführt. Was dann passiert, ist vielleicht die Quintessenz dessen, was den Ruhm der heimischen Süßspeisenküche ausmacht, die wir den böhmischen Köchinnen zu verdanken haben. Es findet am Gaumen zusammen, was im Geist nicht zueinander darf: Schwein und Zucker, Fett und Leichtigkeit, derbe Kraft und sublimierte Sehnsucht. Schon wahr, jetzt wird es wirklich schmalzig. Darin sind wir Österreicher seit jeher gut.

Dabei ist das Schmalz in der Küche bei Gott keine alpine Besonderheit. In Dänemark, wo sie seit jeher Schweine züchten wie unsereiner Neurosen, heißt Butter zwar Smørre – aufs (zu Recht) legendäre Smørrebrød kommt aber dennoch Smør. Zumindest, wenn man einen in Essig, Zucker und Gewürzen eingelegten Hering („Sild") darauf bettet. Oder die Ostjuden: Nachdem in den Tiefen der russischen Steppen als Fettquelle nur Butter und Schweineschmalz in Frage kamen, blieb den Schtetl-Bewohnern nichts anderes übrig, als sich den Gegebenheiten anzupassen: Irgendwie musste man ja koscher bleiben, weshalb „shmalts" zum Inbegriff der jiddischen Küche werden sollte – nicht aus Schweinespeck natürlich, sondern aus dem Fett von sorgfältig gemästeten Gänsen, Enten oder Hühnern. Dass die Juden dergestalt zu den Wiederentdeckern einer der größten Fett-Delikatessen überhaupt

SCHMALZ. EIN NACHRUF

> Vom ordinären Schmalz zur göttlichen Foie gras ist es nur ein Schritt.

wurden, ist historisch einigermaßen gut belegt: In einem Text aus dem elften Jahrhundert moderner Zeitrechnung wird das Stopfen der Gänse von einem Rabbi namens Rashi erwähnt – der Überlieferung nach sollen Juden die Technik einst als Sklaven in Ägypten kennengelernt haben, wo Gänse mit Feigen gemästet wurden, auf dass ihre aufs Herrlichste angeschwollenen Lebern den Pharaonen als Götterspeise dienen konnten.

Vom ordinären Schmalz zur göttlichen Foie gras ist es nur ein Schritt. Umso einfacher sollte es also sein, der Kultur der Schmalzpfanne in unseren Breiten zu einer neuen Blüte zu verhelfen. Man stelle sich nur die Schlangen vor, die sich vor jener Konditorei bilden würden, vor der, wie einst, ein weites Reindl voll Schmalz in zitternder Luft auf einem Holzherd steht, in das Kugeln dottergelben Germteigs plumpsen. Krapfen, frisch aus dem Schmalz: Vielleicht ist das sogar der Stoff, aus dem die Wiederauferstehung eines fast verlorenen Handwerks gemacht sein könnte. Es müsste nur einer das Schmalz haben, es zu wagen.

THE WIENER SCHNITZEL
LOVE BOOK

Ein echtes Wiener Schnitzel braucht Schmalz vom Schwein

◂ Der Autor mit seiner Mutter Hedi Klinger: Von irgendwo muss er's ja haben.

WILLI KLINGER

Willi Klinger ist Wirtshaussohn aus dem oberösterreichischen Hausruck. Als Chef der Weinmarketing Österreich machte er den österreichischen Wein zum Welterfolg. Mit dem, was mancherorts als Wiener Schnitzel verkauft werden darf, wird der Mann mit der feinen Klinge und dem berüchtigt guten Gaumen aber nur in seltenen Fällen glücklich.

EIN ECHTES WIENER SCHNITZEL
BRAUCHT SCHMALZ VOM SCHWEIN

Ich werde langsam alt. Das sehe ich auch daran, wie die Leute heute essen. In meiner Kindheit standen die Mütter täglich stundenlang am Herd. Schon das Einheizen des Küchenofens und das alltägliche Aschenräumen dauerten länger als die heutige Abwicklung einer *Instant-Gourmet-Mahlzeit* vom Griff in das Kühlregal bis zum Entsorgen der Verpackung. Dazwischen liegen ein paar Sekunden Mikrowelle und wenige Minuten hastig hineingeschlungener Bissen.

Ich bin weit davon entfernt, mit feuchten Augen von der sogenannten guten alten Zeit zu faseln. Doch einige Schlüsselaromen aus Mamas Küche möchte ich auch in Zeiten des *Fine Dinings* nicht ganz missen. Ich bin sogar fest davon überzeugt, dass gewisse Klassiker der Österreichischen Küche, die ja allgemein als Wiener Küche bekannt geworden ist, auch in Zukunft Kultstatus haben könnten. So ein Gericht ist zweifellos das Wiener Schnitzel. Ich bekenne mich zu meiner Schnitzelsucht. Eine Woche ohne Schnitzel ist für mich wie Gmunden ohne Traunstein.

Wenn ich, wie so oft, in Wien weltgewandte Genießer bewirten muss, will fast jeder wissen, wo es das beste Schnitzel gibt. Die zahlreichen Restaurantführer schwiegen sich zu diesem Thema jahrzehntelang aus. Ahi Tuna mit Wasabipüree, Sushi von der Gänseleber oder die unvermeidlichen Jakobsmuscheln in allen Variationen von Zitronengras bis Koriander – kein Problem. Alle Superkreationen wirklicher und vermeintlicher Kochkünstler wurden publizistisch in epischer Breite abgefeiert und mit Höchstwertungen versehen. Beim Schnitzel herrschte lange Zeit Funkstille oder krasse Ignoranz: „Ein Schnitzel in einem Wirtshaus ist ein Schnitzel ist ein Schnitzel ist ein Schnitzel" diagnostizierte noch vor 15 Jahren eine leicht abgehobene Ess-Kunstkritikerin und pries im gleichen Atemzug die Konzepte der Molekularküche. Die ist längst passé, die Lust auf Schnitzel feiert fröhliche Urständ.

„Alles, was nicht bei drei auf den Bäumen ist, ob Hendl, Lachs, Kalb oder Schwein, kommt in der Wiener Küche paniert in die Frittierpfanne rein", titelte auch Una Wiener 2008 im Falter-Lokalführer

„Wien, wie es isst" und legte in der folgenden Abhandlung noch gleich ordentlich nach: „Indolenter Fleischlappen in einem faltigen Futteral" oder „überkommene Fleischverfremdung" sind semantisch originelle Ausfälle gegen ein Monument, von dem in Wien tatsächlich lange Zeit der Putz – Pardon, die Panier – bröckelte. In 35 Jahren, die ich ab 1981 als Exiloberösterreicher in der Hauptstadt auf der Suche nach Panierkompetenz war, kam mir kein einziger Hort des Schnitzelglücks unter. „Wiener Schnitzel in Wien, Stationen einer Tragödie" hätte der Titel meiner diesbezüglichen Memoiren lauten müssen.

Allerdings werden heute auch in Oberösterreich nur noch an ganz wenigen Orten Schnitzel gebacken, die in Wien jederzeit wie eine Weltsensation einschlagen würden. Es gibt sie nämlich selten in bekannten Restaurants. Das Schnitzelbacken ist eine bäuerliche Volkskunst, die im Aussterben begriffen ist. Sie wurde am besten in Wirtshäusern beherrscht, die gar keine Speisenkarte hatten und höchstens zu Hochzeiten, Taufen oder bei der *Partie* im Herbst richtig aufkochten. Für mich war das Mekka der Schnitzelkunst der Huberwirt in Aistersheim im Hausruckviertel, das Elternhaus meiner Mutter. Aber auch im Gasthof Bürstinger in Gaspolthofen roch es bei Hochzeiten oder Bällen herrlich nach Schnitzel, die von der Wirtin in riesigen Pfannen auf dem Holzofen zubereitet wurden. Und hier ist der Punkt: Auch wenn ein gutes Schweinsschnitzel nicht zu verachten ist, muss ein echtes Wiener Schnitzel per definitonem vom Kalb sein. Aber das Originalrezept schreibt auch das Backfett vor, und das kommt vom Schwein, Punktum! Die Todfeinde des Wiener Schnitzels heißen Fritteuse, Öl, frittierte Petersilie und, jawohl, auch Butterschmalz, denn dieses hat einen ganz anderen, das Original verfälschenden Geschmack. Wie erklärte schon Gualtiero Marchesi, der größte Koch Italiens, den Unterschied zwischen Wiener Schnitzel (aus dem Schlögel) und der Costoletta alla milanese (aus dem Rücken): strutto versus burro – Schweineschmalz versus geklärte Butter (= Butterschmalz).

EIN ECHTES WIENER SCHNITZEL
BRAUCHT SCHMALZ VOM SCHWEIN

Meine Mutter mischt übrigens zum Schnitzelbacken zwei Drittel Schweinsschmalz mit einem Drittel Butterschmalz: Wiener Küche mit einem Schuss Milaneser Eleganz, das lasse ich gelten. Ich verstehe schon, dass es Menschen gibt, die nichts mit Schwein zu tun haben möchten. Denen kann man, wenn es sein muss, das Schnitzel in Butterschmalz oder Öl backen. Er ist halt dann nur noch eine Annäherung an „the real thing". Aber dass wir bereit sind, wegen der Touristen gleich den Klassiker unserer Wiener Küche zu opfern, stimmt mich traurig.

Umso mehr freuen mich zwei Dinge: Erstens, dass – auch unter meiner jahrelangen polemischen Mithilfe – heute ein ernsthafter Diskurs über das wahre Schnitzel geführt wird, und zweitens, dass sich da und dort in Wien wieder satisfaktionsfähige Schnitzel finden. Severin Corti ist bei diesem Thema für mich ein Bruder im Geiste. Sein Einsatz für die Schnitzelkultur in Wien ist vorbildlich, auch wenn er dort, wo sie endlich wieder aufkeimt, täglich mit dem Rohrstaberl darüber wachen müsste, dass das echte Wiener Schnitzel so auf den Teller kommt, wie er es den dafür verantwortlichen Schnitzelbäckern am Herd unermüdlich einzutrichtern versucht.

◄
Das Klinger'sche Ideal-Wiener gibt es auch in der echten Welt, und zwar bei der Mutter des Autors, im familieneigenen Gasthof in Gaspoltshofen: vom Kalb, in Schweineschmalz gebacken. Mindestens so wichtig, wenn auch im Text nicht erwähnt: die zwingend vorgeschriebene Doppel-Beilage, hier aus Petersilerdäpfeln UND Erdäpfel-Vogerlsalat – was ein echter Oberösterreicher ist, hat vor dem Essen nämlich ordentlich angepackt.

THE WIENER SCHNITZEL
LOVE BOOK

Das Schnitzel wird umbesetzt

...

MARIA HAPPEL

In diesem Ausschnitt aus ihrem gleichnamigen Buch erinnert sich die gefeierte Burgschauspielerin an eine Episode, als neben den Burg-Stars Claus Peymann und Hermann Beil ein Wiener Schnitzel zum Protagonisten eines denkwürdigen Abends wurde.

„Guten Flug! Für Sie und das Schnitzel." Frau Lavendel, Sekretärin am Berliner Ensemble, kicherte leise, bevor sie das Telefongespräch mit mir beendete.

Ich stand im Restaurant des Hotels Hilton in Wien, Landstraße, und holte den Star für die Vorstellung „Claus Peymann kauft sich eine Hose und geht mit mir essen" ab.

„Hundertsiebzig Euro?", fragte ich nochmals erstaunt nach, als ich das mehrfach in Alufolie verpackte Schnitzel überreicht bekam.

„Na ja", lächelte die Bedienung, „es handelt sich schließlich um einen ganzen Kalbsrücken!"

Die drei Dramolette von Thomas Bernhard sind die wohl absurdeste Produktion, bei der ich bislang mitgewirkt habe. Die Personen, die im Stück vom Autor beschrieben werden, stehen nämlich höchstpersönlich auf der Bühne. Claus Peymann spielt sich selbst und Hermann Beil übernimmt, außer sich selbst zu spielen, auch noch die Darstellung von Fräulein Schneider und Thomas Bernhard.

Meine Rolle ist so etwas wie der Conférencier oder die Souffleuse, Bindeglied zwischen Bühne und Publikum, Kellnerin bei den „Drei Husaren", ich tanze Wiener Walzer während des Umbaus von „Claus Peymann verläßt Bochum ..." und „... und geht als Burgtheaterdirektor nach Wien".

Aber auf alle Fälle bin ich immer wieder begeisterte Zuhörerin der Bernhard'schen Texte und bewundernde Zuschauerin dieser beiden Theaterlegenden.

Im dritten Dramolett „Claus Peymann und Hermann Beil auf der Sulzwiese" beschreibt Thomas Bernhard ein Picknick der beiden Theatermänner nach dem ersten Jahr an der Burg – auf einer Wiese oberhalb des Kahlenbergs, wo sie über das vergangene Jahr resümieren und gleichzeitig den zukünftigen Spielplan des Burgtheaters gestalten wollen.

Ziel ist es, nicht den ganzen, sondern den kompletten Shakespeare auf ein Mal auf die Bühne zu bringen, in einer fünfstündigen Aufführung, die als Mittelpunkt die Sonette haben soll. Während dieses Gespräches wird eine Flasche Gumpoldskirchner getrunken und eben je ein Schnitzel verspeist, wobei Bernhard wünscht, dass das Schnitzel von Beil noch größer zu sein habe als jenes von Peymann.

Dann folgt im Text, an den unterschiedlichsten Stellen von Bernhard als Regieanweisung eingefügt: „Peymann beißt in sein Schnitzel", „Er beißt in sein Schnitzel", „… beißt in sein Wiener Schnitzel" – ungefähr siebzehn Mal, als wolle er Peymann den Mund stopfen. Bei Beil steht hingegen: „Nachdem er in sein Schnitzel gebissen hat" – ihn schont der Bernhard. Oder will er dem Peymann etwas Gutes und weiß, dass sich der Beil jeden Abend ärgert, wenn er nichts abbekommt?

Wie auch immer, das Schnitzel ist ein wichtiger Partner in diesem Stück, und wie bei jedem Kollegen sind Form und Inhalt einfach entscheidend.

So wurde das Schnitzel für viele Vorstellungen von Peymanns Lieblingslokal in Wien frisch aus der Pfanne direkt in die Requisite des Akademietheaters gebracht, vom Requisiteur in eine Stoffserviette gewickelt und in den Rucksack von Hermann Beil gesteckt.

Wenn die beiden Herren dann gemeinsam auf der Sulzwiese auf der Bühne sitzen beziehungsweise auf der Bühne gerade auf der Sulzwiese sitzen, gibt Bernhard folgende Regieanweisung:

„Der Burgtheaterdirektor PEYMANN sitzt unter einer blühenden Linde und beißt in ein großes kaltes Wiener Schnitzel."

Lacher – ich warte. Dann:

„Sein Mitdirektor, der Dramaturg BEIL, sitzt neben ihm und wickelt ein noch größeres kaltes Wiener Schnitzel aus und beißt hinein."

Noch größerer Lacher! Das funktioniert! Jedes Mal!

Und dann, bei der 24. oder 27. ausverkauften Aufführung von „Claus Peymann kauft sich eine Hose und geht mit mir essen", passierte

> Entweder ist das Messer zu stumpf – oder das Schnitzel zu flachsig

> An Ihrem mangelnden Ehrgeiz könnt's nicht liegen?

die Katastrophe. Die Vorderseite der Panade, die dem Publikum zugewandt war – erst war es nur ein kleiner Riss, der wurde aber größer –, löste sich langsam, wie von einem unsichtbaren Messer filetiert, ab und segelte gleich einem späten Herbstblatt des Lindenbaumes, unter dem sie saßen, direkt vor die Füße von Beil und Peymann auf den kleinen grünen, schon leicht verfilzten Kunstrasenteppich, der die Sulzwiese darstellen sollte.

Mir stockte der Atem. Ich sah den Schrecken in den Augen von Beil und Peymann. Wie würden sie als Nicht-Schauspieler mit dieser Situation umgehen?

Der Requisiteur stand sprungbereit in der Gasse, der Inspizient hielt den Finger knapp über dem Knopf, der das „Vorhang schließen!"-Zeichen auslösen würde. Miriam, die den Vorhang händisch öffnete und schloss, war auf Position. Jutta, die den Abend inszeniert hatte, schlug sich im Publikum die Hände vors Gesicht.

Aufschreiben – zu wenig Salz in der Panade!

„Kein Blatt regt sich", lese ich die Regieanweisung von Bernhard – und da – Peymann blättert die Seite in seinem Buch um – Text! Da ist er! Er spricht.

Wir spielten – natürlich spielten wir! Und wir waren wieder auf Fahrt und fuhren Bernhards Jolle sicher in das Wiener Hafenbecken, das die Ankunft der beiden Matrosen feierte, als hätten sie gerade die Welt umsegelt.

Ich hatte ihnen den rettenden Anker zugeworfen. Nur der Schiffskoch kam an diesem Abend nicht aus seiner Kombüse.

Es war natürlich allen klar, dass für die nächste Vorstellung ein adäquater Ersatz für das Schnitzel gefunden werden musste. Aus diesem Grunde reiste Hermann Beil extra drei Tage früher an, um fünf Schnitzelhäuser in der Stadt zu testen.

Zwei fielen sofort aus dem Rennen, und am dritten Tag musste Beil sich nochmals vergewissern und zwischen den beiden Finalisten endgültig die richtige Wahl treffen. Sie fiel auf ein sehr renommiertes Restaurant in der Wiener Innenstadt, berühmt für die kreisrunde Form seines Schnitzels.

Voller Stolz gab der Besitzer des Lokals sofort eine Pressemitteilung heraus: „Wir freuen uns sehr, dass unser berühmtes Schnitzel, mit einem sagenhaften Durchmesser von neunundvierzig Zentimetern, ab Samstag Abend an der Seite von Claus Peymann und Hermann Beil im Akademietheater zu sehen sein wird. Weitere Aufführungen …"

DAS SCHNITZEL WIRD UMBESETZT

Am Freitag gab es naturgemäß eine Probe und alles lief glatt, nachdem Peymann Herrn Beil nochmals in die Maske geschickt hatte, um die Haare etwas dunkler pudern zu lassen, da die hellen Haare das ganze Licht auf ihn zögen. Nachdem alles überprüft und auf dem richtigen Platz war, entstand eine kleine Aufregung, weil die Schauspielerpuppen für „Claus Peymann verläßt Bochum und geht als Burgtheaterdirektor nach Wien" durch den Umzug von Wien nach Berlin und wieder zurück doch arg in Mitleidenschaft gezogen worden waren. Schließlich fand die Probe statt.

Der Teil vor der Pause lief einwandfrei. Dann kam die Stelle, bei der man von Ferne Schubertmusik hört – das Achtung-Zeichen für das Schnitzel. Etwas blass war es geraten bei dieser Probe und glich dadurch eher einer großen Palatschinke als einem Schnitzel. Nach dem ersten Biss das vernichtende Urteil: „Das ist ja vom Schwein!", zischte Peymann seinem Sitznachbarn Beil zu.

Weiter ging's mit Bernhard-Texten – die Probe wurde nicht unterbrochen, bis die sechste oder siebente Stelle von „Er beißt in sein Schnitzel" kam.

„Aufschreiben – zu wenig Salz in der Panade", rief Peymann der Assistentin im Zuschauerraum zu. Weiter im Text!

Die Probe ging ohne weitere Zwischenfälle zu Ende, allerdings spürten alle, dass die Vorstellung so nicht stattfinden können würde. Bühnenarbeiter, Techniker, Requisiteure, Kostümbild- und Kostümassistenten, Regiehospitanten – alle warteten gespannt auf die Auflösung der Spannung die sich auf der Bühne des Akademietheaters breitgemacht hatte.

„Herr Peymann", wagte sich die Assistentin vor, „wir müssen jetzt eine Entscheidung fällen, wegen des Schnitzels."

Mit übereinandergeschlagenen Beinen wand sich Peymann, der noch immer auf der Sulzwiese saß, bevor er die harte Entscheidung fällte: „Das Schnitzel ist umbesetzt. Die Dame von der Pressestelle im

Burgtheater muss sofort angerufen werden – die soll auch eine Pressemitteilung rausgeben. Die vom Schnitzel war nämlich gut. Hätte von mir sein können."

Sofort trat nun Plan B in Kraft und aus dem benachbarten großen Hotel wurde die Bestellung für ein Riesenschnitzel in Auftrag gegeben. Der Chefkoch kam eigens aus dem Burgenland angereist, um das Schnitzel in Form der österreichischen Landkarte aus einem dafür geeigneten speziellen Kalbfleisch zu präparieren – was für eine formvollendete Vorstellung an diesem Abend, welch ein Genuss!

Beim Gastspiel in Leverkusen ließ man ein Schnitzel aus Berlin mit anreisen und zur Sicherheit noch eines aus einem ansässigen Restaurant vor Ort – aber beide kamen natürlich nicht an das original Wiener Schnitzel heran. Deshalb war es nur folgerichtig, mich um Mitnahme des gleichnamigen zur Vorstellung nach Lindau am Bodensee zu bitten.

Eingebettet in einem Reisekoffer, in dem es mit Styropor und Kartonagen rutschfest gemacht worden war, ging das Schnitzel auf die Reise zum Flughafen in Wien-Schwechat. Nur nichts anmerken lassen. Ich legte meine Schmuggelware auf das Förderband.

„Ihre Sonnenbrille bitte!"

Der letzten Tarnung beraubt, spürte ich, wie mir die Röte ins Gesicht schoss. Tief durchatmen.

„Stiefel ausziehen!" Dieser Geruch – nicht der Füße, sondern des frisch panierten Schnitzels in meinem Koffer, der mir plötzlich empfindlich in die Nase stieg – das hatte ich nicht bedacht!

Ohne Schwierigkeiten kam ich durch die Kontrolle und war heilfroh, als ich den Koffer über mir im Flieger verstaut hatte. Hätte ich bloß einen Stahlkoffer genommen – mit diesem einfachen Stoffüberzug konnte doch jeder den Braten riechen. Ich machte mich noch kleiner in meinem Sitz, und als die Passagiere der ersten Klasse sich umdrehten, um zu schauen, was man der zweiten Klasse, in der es schon lange keine

▲
Als Burgtheaterdirektor Claus Peymann
jeden Abend ein kaltes Wiener Schnitzel aß

warmen Gerichte mehr gab, heute servierte, drehte ich mich auch nach hinten, um den Verdacht nicht auf mich zu lenken.

Erleichtert ließ ich mich auf den Beifahrersitz eines Kombis fallen, nachdem ich den Koffer dem jungen Fahrer übergeben hatte, der seit drei Wochen beim Kulturamt beschäftigt war und mich freundlicherweise vom Flughafen in Zürich nach Lindau am Bodensee brachte.

„Die Rezeption des Hotels ist um diese Uhrzeit nicht mehr besetzt, deshalb habe ich Ihnen Ihren Zimmerschlüssel gleich mitgebracht", sagte der hoch motivierte Mann am Steuer.

„Danke sehr! Können Sie mir vielleicht den Gefallen tun und das Schnitzel gleich ins Theater bringen?" – Ich hatte nämlich keine Lust, die Nacht mit einem Kalbsrücken in einem kleinen Einzelzimmer zu verbringen.

„Aber das ist doch selbstverständlich! Wir haben einen großen Kühlschrank in unserem Gemeinschaftsraum."

Als ich am nächsten Morgen zur Probe kam, waren bereits Reporter da, die auf ein Interview mit Peymann warteten, der allerdings beim besten Willen nicht Rede und Antwort stehen konnte. Er hatte sich in den Zuschauerraum gesetzt, und es wurde ihm gerade klar, dass die ersten beiden Reihen die Vorstellung nur mit einem steifen Nacken überstehen würden. Die Bühne war zu hoch und die Bühne auf der Bühne zu weit hinten. So musste das gesamte Bühnenbild nochmals abgebaut und fünfzig Zentimeter weiter vorne nochmals aufgebaut werden. Das könnte knapp werden bis zur Vorstellung am Abend. Die Bühnenarbeiter stöhnten, aber Peymanns Wort war ihnen Befehl, und so gingen sie erneut ans Werk.

In der Zwischenzeit durfte ich ein paar Worte mit den Journalisten wechseln. Sie fragten mich dann auch, was denn das Besondere an dem Wiener Schnitzel sei, für das kein adäquater Ersatz in der Region zu finden gewesen wäre.

„Nun ja, es handelt sich wohl um ein ganz besonders zartes Kalbfleisch", antwortete ich, „und Herr Peymann spielt eben gerne mit dem Original!", fügte ich noch als kleinen Witz hinzu.

„Ja – und es schmeckt auch besonders gut", sagte der junge Mitarbeiter, dem ich am Abend zuvor das Schnitzel vertrauensvoll überlassen hatte. „Ich habe mir erlaubt, ein Stück abzuschneiden."

„Das ist jetzt ein Scherz, oder?" Mein bestgehütetes Geheimnis der letzten sechzehn Stunden, mein Fleisch, das mir richtig ans Herz gewachsen war, von welchem ich beim Einchecken keinen Zollbreit gewichen war – verstümmelt! All meine Mühen mit einem einzigen

Schnitt – zunichtegemacht. Was aber noch viel schlimmer war, es würde am Abend keine Aufführung geben. Niemals würden Beil und Peymann mit einem von einem Dilettanten geschändeten Stück Kalbsrücken gemeinsam auf der Bühne stehen. Es fehlte nicht nur an Inhalt, sondern auch an Form. Österreich war zerstückelt!

Im Moment meiner größten Verzweiflung trat Peymann selbst in den Gemeinschaftsraum, um mich zu sprechen.

„Happel, passen Sie mal auf. Also gestern war ich hier in einem Lokal, unbeschreiblich. Also ich bin noch nie so gut bekocht worden, muss ich schon sagen. Hatte keine Reservierung und es war total voll da, aber der Chefkoch hat mich in die Küche geholt. Der war letzte Woche in unserer Dernière von ‚Richard II.' in Wien. Stellen Sie sich das vor, Happel, der hat die letzte Vorstellung gesehen. Der war total begeistert natürlich, und jetzt will der für heute Abend das Schnitzel machen. Ja – also, ich glaube, wir können uns das jetzt hier nicht leisten, das Angebot abzulehnen. Das wäre unhöflich, und zwar der ganzen Region gegenüber – was meinen Sie, Happel?"

Und so kam es, dass an diesem Abend das Schnitzel aus Lindau auf die Bühne kam. Schubertmusik von der Ferne und die berühmte Stelle: „Der Burgtheaterdirektor PEYMANN sitzt unter einer blühenden Linde und beißt in ein großes kaltes Wiener Schnitzel."

Lacher!

Ich – warte. Dann: „Sein Mitdirektor, der Dramaturg BEIL, sitzt neben ihm und wickelt ein noch größeres Wiener Schnitzel aus und beißt hinein."

Noch größerer Lacher! Auch ich musste lachen, denn dieses Schnitzel hatte die Form des Bodensees.

Das original Wiener Schnitzel fand nach seiner beschwerlichen Reise auf der Premierenfeier auch noch seine Bestimmung. Es wurde in kleine Rauten geschnitten und an die Premierengäste verteilt. So kamen alle zu einem sicher einmaligen Genuss.

THE WIENER SCHNITZEL
LOVE BOOK

„Niki Lauda, was ist das beste Essen Ihres Lebens?"

„Immer ein ordentliches Wiener Schnitzel mit Reis und Kartoffelsalat."

NIKI LAUDA (1949–2019),
ÖSTERREICHISCHE LEGENDE,
STAMMGAST DER ERSTEN STUNDE
IM MEISSL & SCHADN, IM INTERVIEW
MIT DEM MAGAZIN „FALSTAFF".

NIKI LAUDA

THE WIENER SCHNITZEL
LOVE BOOK

Die Schnitzelsemmel oder: Brösel im Brot

TOBIAS MÜLLER

DIE SCHNITZELSEMMEL
ODER: BRÖSEL IM BROT

THE WIENER SCHNITZEL
LOVE BOOK

Mein erstes Lebensabschnitts-Gericht war eine Hühnerschnitzel-Semmel. Ich war vielleicht 12, 13 Jahre alt, und in unser Nachbarhaus war ein rumänischer Hendlbrater eingezogen, ein großer, freundlicher Mann mit starkem Akzent, rundem Bauch und Glatze. Wenn ich mittags von der Schule nach Hause kam, hatte ich ab diesem Zeitpunkt die Wahl zwischen Fertiggerichten aus dem Supermarkt (Tiefkühllasagne, Mikrowellen-Gechnetzeltes mit Erbsenreis) oder einem Besuch in seinem Laden.

Während die Brathühner jeden Morgen in die Vitrine gelegt wurden und zu Mittag bereits aussahen wie vom Vortag, wurden die Hühnerschnitzel stets frisch bei Bestellung frittiert. Die Schnitzelsemmel und ich wurden schnell beste Freunde.

Ich erinnere mich noch sehr gut an ihren Geschmack: das Huhn erstaunlich saftig und geschmacksneutral, nur mit jenen zarten milchig-mehligen Noten, die Billighühner oft und gerne haben. Die Panier viel zu gleichmäßig, feinkörnig und lückenlos, um von meinem Hendlbrater selbst und frisch aufgebracht worden zu sein. Die Semmel weich wie das Hühnerfleisch. Auf dem Schnitzel lagen noch ein Salatblatt, Zwiebelringe und eine Scheibe längs geschnittene Salzgurke. Ich fand das damals alles herrlich (die Salzgurke beeindruckt mich rückblickend immer noch). Auch wenn ich seit Jahrzehnten keine mehr gegessen habe: Diese Schnitzelsemmel hat mir einst zahlreiche Mittage vielleicht nicht versüßt, aber definitiv schöner gemacht, und dafür bin ich ihr bis heute dankbar.

DIE SCHNITZELSEMMEL
ODER: BRÖSEL IM BROT

Ich nehme an, dass es vielen Menschen nicht ganz unähnlich ergangen ist. Auch Literaten, Journalisten, Wissenschaftler, Kochbuchautoren sind da mit guter Wahrscheinlichkeit darunter gewesen. Trotzdem deutet eine Recherche im Internet ziemlich eindeutig darauf hin, dass die Schnitzelsemmel von diesen Menschen bisher wenig Aufmerksamkeit bekommen hat. Im Gegenteil, sie wird behandelt, als müsste sie einem peinlich sein.

In Kochbüchern und Reiseführern wird sie totgeschwiegen, respektable Schnitzel-Restaurants bieten sie nicht an, und niemand hat sich bisher ernsthaft mit ihrer Geschichte beschäftigt. Anders als bei einem Großteil der Fastfood-Konkurrenz (Käsekrainer, Kebap) reklamiert nicht einmal jemand für sich, sie erfunden zu haben.

Einzig die Website eatsmarter.de listet so etwas Ähnliches wie ein Rezept auf („Schnitzelsemmel ist ein Rezept mit frischen Zutaten aus der Kategorie Schwein").

Mir fehlen die Qualifikationen, um die Geschichte der Schnitzelsemmel hier gründlich nachzuholen, ich kann aber zumindest ein wenig spekulieren: Die Schnitzelsemmel ist ziemlich sicher ein Kind der Wirtschaftswunderzeit. Sie zeugt gleichzeitig von Wohlstand und Geschäftigkeit, wird für sie doch eine einst festliche Sonntagsspeise, das Wiener Schnitzel, in erschwingliches Fast Food, einen Imbiss für unterwegs, umgedeutet. Und sie ist ein (groß-)städtisches Phänomen: Sie kommt höchstwahrscheinlich aus Wien, vielleicht aus Graz oder Linz, wohl nicht aus Innsbruck oder Bregenz, und ganz sicher nicht aus St. Pölten, Klagenfurt oder Eisenstadt. (Das würde auch erklären, warum Schnitzelsemmel zwar gern mit Ketchup und Mayonnaise, aber niemals mit Preiselbeeren bestrichen werden).

Wahrscheinlich hat sie bescheiden als Resteverwertung begonnen, an einem sonnigen Sonntag in den 1960er Jahren, als eine anonyme, aber glückliche Hausfrau im Aufschwungs-Überschwang erstmals mehr Schnitzel buk, als ihre Familie trotz Aufschwungs-Appetit essen konnte. Weniger romantisch, aber leider ebenfalls denkbar, ist eine Supermarkt-Aktion in den 1970er Jahren.

Ich stelle mir gern vor, wie frühe Schnitzelsemmel-Esser andächtig auf das edel belegte Brot blickten und sich mit wohligem Gruseln an die schlechte alte Zeit erinnerten, als das Klopfen des Schnitzelhammers noch viel zu seltenes Glück bedeutete. Jetzt aber, versicherte der erste Biss ins saftige Schwein, können wir uns Fleisch auch unter der Woche leisten. Nur allzu lang durfte der Genuss nicht dauern – das Schnitzelgeld will schließlich auch verdient werden.

> Bei der Schnitzelsemmel hätte man sich die Panier sparen können – die Semmel ist die zweite Panier

DIE SCHNITZELSEMMEL
ODER: BRÖSEL IM BROT

So schlicht und selbstverständlich die Schnitzelsemmel auch sein mag, sie ist doch fressethnologisch interessant und erzählt einiges über uns. Erstens, wir lieben Brot. Offenbar so sehr, dass wir selbst bereits Paniertes – Fleisch im Brotmantel – in noch mehr Brot packen. Die Schnitzelsemmel ist nüchtern betrachtet ein Brot-Brot. Zweitens, unsere kulinarischen Ansprüche sind sehr gering, selbst, wenn es um unser Nationalgericht, das Schnitzel, geht: Meist werden Schnitzelsemmel-Schnitzel schon in der Früh paniert und welken dann stundenlang in der Warmhalte-Vitrine vor sich hin, bevor sie in eine ebenso müde Semmel gelegt werden. Und drittens und vielleicht am auffälligsten, wir haben es nicht so mit Würzen: Wir machen sehr wenig, um den, vorsichtig ausgedrückt, eher neutralen Geschmack etwas aufzumotzen. Außer viel zu süßem Ketchup kommt uns kaum was aufs Brot-Brot.

Dabei könnte gerade die Schnitzelsemmel ein wunderbares Vehikel, eine Bühne für aufregende Geschmäcker sein. Mein rumänischer Hendlbrater hat das instinktiv verstanden, als er seiner Semmeln zumindest eine Salzgurke mit auf den Weg gab, im Osten ein universaler Fleisch- und Wodkabegleiter. In anderen Kulturen landet noch viel Aufregenderes im Fleisch-Sandwich: Wer im Nahen Osten eine Pita oder ein Dürüm bestellt, der freut sich mindestens so sehr auf die verschiedenen Saucen und das Sauergemüse wie aufs Fleisch. Ein Kebap kommt je nach Region mit verschiedensten Gewürzen und frischem Gemüse, aber mindestens mit Scharf, und Banh Mi, das vietnamesische

Pendant zur Wurstsemmel, wird mit frischen Chili, Kräutern und Fischsauce aufgemotzt. Selbst der Engländer schmiert ordentlich Hot English Mustard auf sein Roastbeef Sandwich.

Dass auch eine Schnitzelsemmel kulinarisch vielleicht nicht groß, aber zumindest sehr respektabel sein kann, zeigen ausgerechnet die Japaner: Sie servieren Tonkatsu, die japanische Schnitzelvariante, gern in fluffig-weichem Weißbrot. Sie belassen es allerdings nicht bei dieser simplen Kombination, sondern peppen das Ganze mit frisch geschnittenem Kraut und Tonkatsu-Sauce auf, einer Art Ketchup auf Speed, dass neben Tomaten auch Sojasauce, Senf, Sardellen und allerlei andere Köstlichkeiten enthält. Katsu Sando nennt sich der Spaß und ist so gut, dass es seit ein paar Jahren auch in den USA große Erfolge feiert. Mittlerweile wird es nicht nur mit Schwein, sondern gern auch mit paniertem Wagyu-Beef gefüllt.

Solch Luxuszutaten im Mittags-Snack schießen meiner Meinung nach übers Ziel hinaus. Ein wenig Sorgfalt, ein bisschen Liebe tun's auch. Gerade weil so eine Schnitzelsemmel in all ihrer Schlichtheit doch sehr befriedigend sein kann. In Wien könnte das heißen: Ein gutes, frisch paniertes Schnitzel, vielleicht sogar im Schmalz gebacken, eine resche, frische Semmel, ein wenig richtig gutes Sauergemüse, ein bisserl frisch gerissener Kren, oder, für die Verwegenen, eine Wiener Garnitur (Sardellen, Kapern, Ei, Petersilie, hauchdünn geschnittene Zitrone). Dann würden Esser vielleicht wieder ähnlich andächtig auf die Schnitzelsemmel blicken wie einst vor 60, 70 Jahren.

DIE SCHNITZELSEMMEL
ODER: BRÖSEL IM BROT

Meist werden Schnitzelsemmel-Schnitzel schon in der Früh paniert und welken dann stundenlang in der Warm-halte-Vitrine vor sich hin.

THE WIENER SCHNITZEL
LOVE BOOK

Der Erdapfel

ERWIN WURM

DER ERDAPFEL

Erwin Wurm

▲
So und so: Der Einfluss der Kartoffel auf das
Wiener Schnitzel kann kaum überschätzt werden.

Die Kartoffel von Erwin Wurm in der Ausstellung
„Köstlich? Köstlich!" im Wiener Leopoldmuseum, 2017

Erdäpfelsalat! Die Knolle in Form bringen

SEVERIN CORTI

Die dümmsten Bauern haben die dicksten Erdäpfel, heißt es, und was den Erdäpfelsalat betrifft, ist diese Redewendung durchaus wörtlich zu nehmen. Zwar mag das Sprichwort auf unverdientes Glück verweisen und die dicken Erdäpfel als Symbol desselben gelten – in unserem Fall aber ist es genau umgekehrt. Was ein ordentlicher Erdäpfelsalat nach Wiener Art sein will, das muss aus eher kleinen, vor allem aber speckigen Kartoffeln gemacht sein.

Speckig ist beim Erdapfel das, was der Brite „waxy", also wächsern, nennt: eine Konsistenz, die nicht mehlig und mürb wie bei der klassischen Steakhouse-Kartoffel, sondern vielmehr festfleischig und elastisch, erst im Biss cremig ist – eben wie Speck, wenn er nicht gerade aus dem Kühlschrank kommt.

In Wien erfreute sich der klassische, mit Rindsuppe aufgegossene Erdäpfelsalat bereits im 17. Jahrhundert gut dokumentierter Beliebtheit. Im 1682 erschienenen Werk „Georgica Curiosa oder Adeliches Land- und Feldleben" des Agronomen Wolf Helmhard von Hohberg heißt es etwa: „Man kocht die indianischen Papas und isst sie warm oder auch überbrüht und geschält, kalt mit Öl, Essig, Pfeffer und Salz. Sie sind allhier so fruchtbar und vermehren sich so gern, dass man fürgibt, in Canada selbst seien itzt nicht so viel zu finden als bei uns." Die Zugabe einer Messerspitze Senf und einer fein gewiegten Zwiebel – heute unverzichtbare Bestandteile – kam offenbar erst später auf.

Worauf der Text aber sehr schön verweist, ist der damals noch erwähnenswerte amerikanische Ursprung der Knolle. Auch Peter Altenberg, der archetypische Kaffeehausliterat der späten 19. Jahrhunderts, war sich dessen viel unmissverständlicher bewusst als unsereins, der beim Erdapfel bedenkenlos von „regionalem" Essen spricht, nur weil es in unseren Breiten gedeiht. Altenberg erzählte gern von seiner nicht bestandenen Deutsch-Matura, bei der ein Aufsatz zum Thema „Der Einfluss der Neuen Welt auf die alte" gefragt war. Altenberg überlegte kurz und gab dann seine Arbeit ab. Sie bestand aus einem einzigen Wort: „Kartoffeln".

Was aufs Erste wie ein frecher Witz anmuten mag, hat einen tiefen Sinn: Die Kartoffel hat Europa so grundlegend verändert wie kaum ein anderes Lebensmittel. Und natürlich steht sie stellvertretend für die unfassbare Fülle an Pflanzen aus dem Erbe der amerikanischen Ureinwohner,, ohne die wir uns europäisches Essen gar nicht mehr vorstellen können: von der Tomate bis zur Bohne, vom Pfefferoni bis zum Kakao, vom Maiskolben bis zum Kürbis.

Aber das hat mit dem echten Wiener Erdäpfelsalat, der sich so einzigartig saftig und animierend ans Wiener Schnitzel zu schmiegen weiß, nur ganz ursprünglich zu tun. Viel jüngeren Datums ist die Debatte, ob Zucker in die Marinade soll. Die süße Variante hat sich erst seit den 1950er Jahren durchgesetzt, dies aber mit solchem Erfolg, dass der an sich klassische Erdapfelsalat ohne Zucker heute fast nur noch außerhalb Wiens, etwa in der Steiermark, zu finden ist. Dort muss man dafür extra dazusagen, wenn man den obligaten Schlenker vom dunkelgrünen lokalen Kürbiskernöl lieber doch nicht darübergeträufelt haben möchte.

So oder so: Der Einfluss der Kartoffel auf das Wiener Schnitzel kann kaum überschätzt werden, und sei es nur, weil ein Wiener Schnitzel ganz ohne Erdäpfelsalat durchaus wohlschmeckend sein kann – aber eben kein wirklich wienerisches Schnitzel. Und eines mit Pommes schon gar nicht, da können die noch so sehr aus Kartoffeln sein.

THE WIENER SCHNITZEL
LOVE BOOK

Zwei Arten, das Wiener Schnitzel zu beschreiben

PETER KUBELKA

ZWEI ARTEN, DAS WIENER SCHNITZEL
ZU BESCHREIBEN

Rezept

Schnitte vom Kalbsschlögel klopfen und salzen, in Mehl, gequirltem Ei und Semmelbrösel wälzen. In der Pfanne mit Butter braten.

Auslegung

Vom Schenkel einer jungen Kalbin wird ein dünnes Stück Fleisch abgelöst und mit der flachen Hand abgeklatscht. Es wird beschneit mit Salzkristallen und dreifach verhüllt: erst in einen weißen Schleier aus fein gemahlenen Weizensamen, dann in ein gelbes Kleid aus zusammengeschlagenem Dotter mit Eiklar, dann in einen Mantel aus alten, zerriebenen Broten – ungeborenes Gras, ungeborene Vögel, schon verwittertes Backwerk. Nun wird das lebendige Fleisch, das unserem eigenen gleicht, in seinem kunstvollen Gewand jenem Element ausgesetzt, das alle Dinge zum Leben bringt: Sonnenlicht, gezähmt als Flammen am Herd. Die gefährliche Kraft des Brandes wird gemildert durch einen metallenen Schild, den gezähmten Raum in der Pfanne. Das Werkstück wird hineingelegt in heißgeschmolzene Butter – verdichtete Muttermilch einer Kuh. Schmurgelnd erblüht die essbare Architektur. Geschützt im Inneren der sich vergoldenden, dreifaltigen Hülle lebt, weiß und unbefleckt, das jungfräuliche Stück Kalbfleisch. Es wird angerufen mit dem Namen Wiener Schnitzel. Bevor es erkaltet, muss es einverleibt sein. Ein Schmeckbild für das vom Menschen essbar gemachte Universum.

THE WIENER SCHNITZEL
LOVE BOOK

Wiener Schnitzel vom Kalb

DAS ORIGINALREZEPT DES MEISSL & SCHADN MITSAMT GARNITUREN UND BEILAGEN.

Im Meissl & Schadn wird die Kunst des Schnitzelbackens in wahrer Perfektion direkt vor dem Gast gepflegt. Mindestens so wichtig wie die akkurate Zubereitung sind die richtigen Beilagen, vom Erdäpfel- über den Gurkensalat bis zum Gewürzreis, den sich manch ein Feinspitz zum Schnitzel erbittet.

WIENER SCHNITZEL

THE WIENER SCHNITZEL
LOVE BOOK

Wiener Schnitzel

Es kann nur vom Kalb sein – dafür darf man sich als Gast wünschen, in welchem Fett es gebacken werden soll!

WIENER SCHNITZEL

THE WIENER SCHNITZEL
LOVE BOOK

REZEPT FÜR 4 PERSONEN

4 dicke Schnitzel aus der Kalbsschale à 200 g
1 Tasse glattes Mehl
4 große Eier
2 Tassen Semmelbrösel von der Hand- oder Kaisersemmel,
nicht zu fein gerieben
Salz
reichlich Backfett,
wahlweise Butter-/Schweineschmalz
oder Pflanzenöl

Zitronenscheiben, ca. 5 mm dick
4 Sardellenringe

WIENER SCHNITZEL

ZUBEREITUNG

Kalbsschnitzel mittels Schmetterlingsschnitt auf die gewünschte Größe bringen: das quer zur Faser geschnittene Schnitzel auf ein Schneidbrett legen, mit der flachen Hand von oben festhalten und mit einem sehr scharfen Messer waagerecht in zwei gleich dünne Scheiben zerteilen, so dass sie an einer Seite miteinander verbunden bleiben. An dieser Seite von außen einen nur wenige Millimeter tiefen Schnitt entgegensetzen und das Schnitzel zu doppelter Größe auseinanderfalten.

Zwischen zwei Stücke Klarsichtfolie legen und mit einem Fleisch- oder Schnitzelklopfer von innen nach außen auf ca. 3–4 mm plattieren. Mit der Hand über das Kalbsfleisch streichen, um zu kontrollieren, dass die Schnitzel gleichmäßig geklopft sind. Auf beiden Seiten salzen. Eier in einer flachen Schüssel mit Hilfe einer Gabel leicht verquirlen (immer per Hand, nie elektrisch). Schnitzel zuerst im Mehl wenden, dann auf beiden Seiten komplett mit Ei bedecken (zum Wenden am besten eine Gabel zur Hilfe nehmen). Danach die Schnitzel in die Brösel legen, nur leicht andrücken und überschüssige Brösel abklopfen.

In eine Pfanne ca. 4 cm hoch Fett füllen. Heiß genug ist das Fett, wenn ein paar zur Kontrolle hineingeworfene Brösel weiß zu schäumen beginnen. Schnitzel vom Körper weg einlegen und bei kontinuierlichem Bewegen der Pfanne im Bratfett schwimmend backen. Nur so wirft die Panier später schöne Blasen - sie soufliert. Beginnt der Rand leicht braun zu werden, Schnitzel sofort umdrehen und die Pfanne weiter in Bewegung halten, bis das Schnitzel ein helles Goldbraun angenommen hat. Auf Küchenpapier abtropfen lassen. Auf vorgewärmte Teller legen, mit einer Zitronenscheibe und einem Sardellenringerl garnieren und sofort servieren.

Klassischer Erdäpfelsalat

Ob der Wiener Erdäpfelsalat mit oder ohne Zucker in der Marinade gemacht wird, ist wild umstritten. Historiker meinen, dass die süße Variante erst in den 1950er Jahren populär wurde.

KLASSISCHER ERDÄPFELSALAT

REZEPT FÜR 4 PERSONEN

1 kg festkochende Erdäpfel
1 mittelgroße rote Zwiebel, feinwürfelig geschnitten

Für die Marinade:
300 ml Rindsuppe
3 EL Tafelessig
2 gute Prisen Salz plus eventuell 1 gute Prise Zucker
3 EL Pflanzenöl
schwarzer Pfeffer aus der Mühle

ZUBEREITUNG

Erdäpfel reinigen und weich kochen, währenddessen die Rindsuppe erhitzen und mit Essig und Salz (plus eventuell Zucker) vermischen. Erdäpfel schälen, in 2–3 mm dicken Scheiben noch heiß in die ebenso heiße Marinade schneiden, sodass sie die Marinade gut aufsaugen können. Zum Schluss vorsichtig Öl, Zwiebel und schwarzen Pfeffer untermengen und der Wiener Erdäpfelsalat ist fertig!

TIPP

Am besten wird der Salat, wenn man ihn mit Kipflern zubereitet, die aber auch am meisten Arbeit machen, weil sie klein und dementsprechend schwer zu schälen sind. Alle anderen festkochenden Erdäpfelsorten, etwa „Ditta", „Linzer Delikatess" oder „La Ratte", sind aber auch sehr gut geeignet.

Gurkensalat mit Dill

*Dezentes Knoblaucharoma gehört ebenso
zum echten Wiener Gurkensalat
wie der rote Schimmer obendrauf,
der dem Paprikapulver geschuldet ist.*

GURKENSALAT MIT DILL

REZEPT FÜR 4 PERSONEN

3 Feldgurken
Salz
1 Knoblauchzehe, zerdrückt
2 EL Tafelessig
1 EL Dill, gehackt
3 EL Sauerrahm
scharfes Paprikapulver zum Bestreuen

ZUBEREITUNG

Gurken schälen und mit dem Reibeisen fein hobeln. Einsalzen und nach 20 Minuten ausdrücken. Knoblauch, Essig, Dill und Sauerrahm verrühren, Gurken damit marinieren und mit Paprikapulver bestreuen.

THE WIENER SCHNITZEL
LOVE BOOK

WIENER SCHNITZEL

▶
Das Schnitzel
vor dem Eintauchen
ins Mehl

◀
Das Schnitzel
beim Wenden in
den Bröseln

Die Wiener Garnitur

Früher wurde das Schnitzel oft mit einer Mischung aus hartgekochtem Ei, Petersilie, Sardellen und Kapern garniert. Im Meissl & Schadn haben wir diese Tradition wiederbelebt.

REZEPT FÜR 4 PERSONEN

2 hart gekochte Eier
2 EL Petersilie, gehackt
1 EL Kapern, gehackt
1 EL Sardellen, gehackt

Eier schälen, Eiweiß und Eigelb getrennt hacken.
Eiweiß, Petersilie, Eigelb, Kapern und Sardellen jeweils einzeln
in Form eines kleinen Bogens auf dem Teller aufstreuen.
Alternativ vermischen und in einer kleinen Schüssel servieren.

Eingemachte Preiselbeeren

*Preiselbeeren werden speziell im Westen des Landes
gern zum Wiener Schnitzel serviert.*

EINGEMACHTE PREISELBEEREN

REZEPT FÜR 4 PERSONEN

125 ml Rotwein
500 g Zucker
1 kg frische Preiselbeeren
Saft einer ganzen Zitrone

Rotwein mit Zucker aufkochen, die gewaschenen
Preiselbeeren einlegen. Langsam einkochen,
Zitronensaft hinzufügen. Heiß in ausgekochte Schraubgläser
einfüllen. Gläser verschließen und auf den Kopf stellen.

Gewürzreis

*Eine früher sehr beliebte Beilage zum
Wiener Schnitzel. Auch heute noch eine gute Wahl!*

REZEPT FÜR 4 PERSONEN

4 Tassen Wasser
1 Zwiebel, mit 5 Gewürznelken gespickt
1 gute Prise Salz
2 Tassen Reis

Alle Zutaten auf hoher Stufe aufkochen,
danach den Reis zugedeckt auf kleiner Flamme
ca. 15 Minuten fertig dünsten.

TIPP
Zum Schluss mit ein wenig Butter verfeinern.

THE WIENER SCHNITZEL
LOVE BOOK

▶
Das historische, im Zweiten Weltkrieg zerstörte Hotel Meissl & Schadn am Neuen Markt in Wien. Unten links: der Eingang zum Restaurant.

◀
Werbe-Postkarte um 1910: das Hotel Meissl & Schadn am Neuen Markt

Wien I. Neuer Markt.

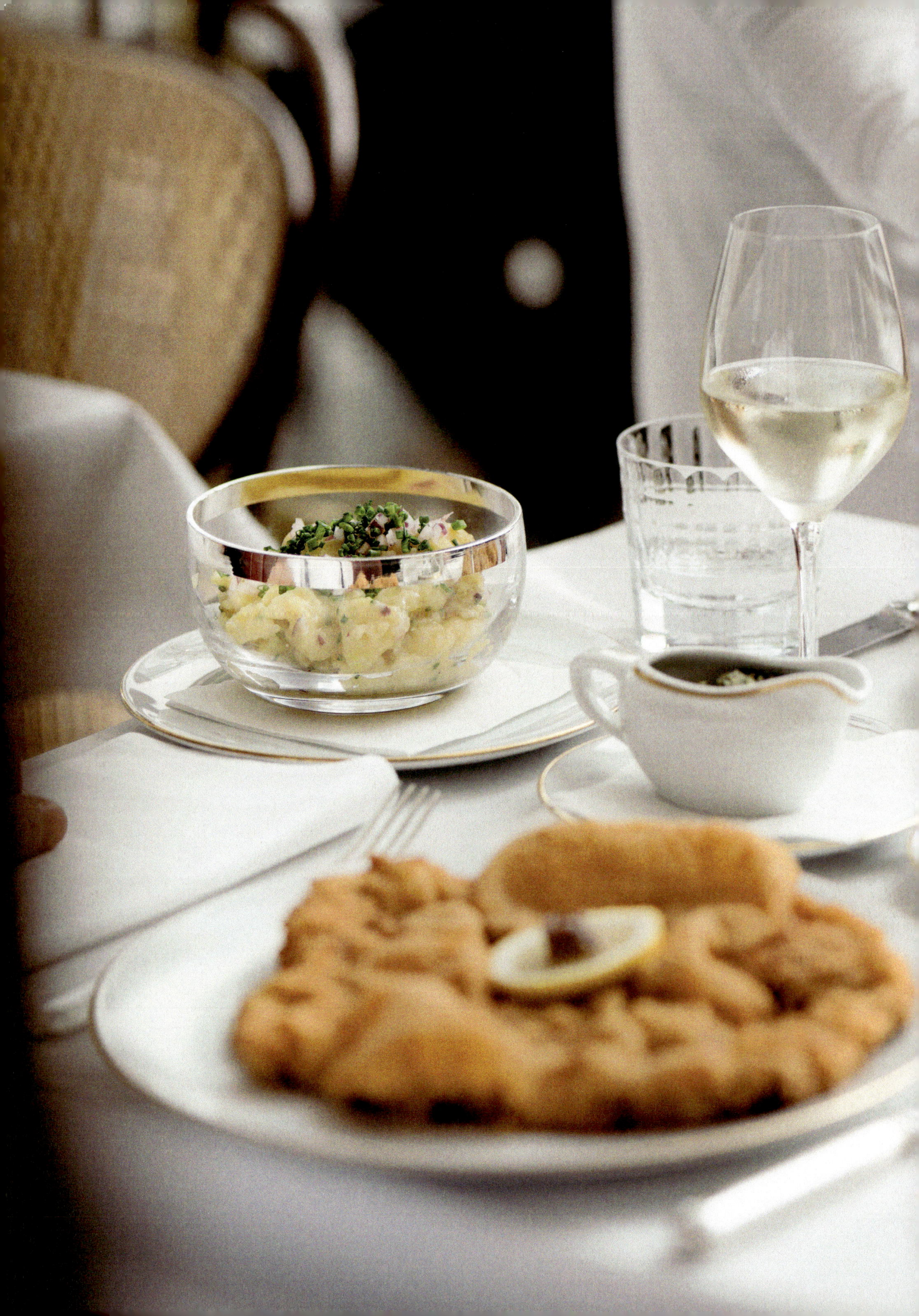

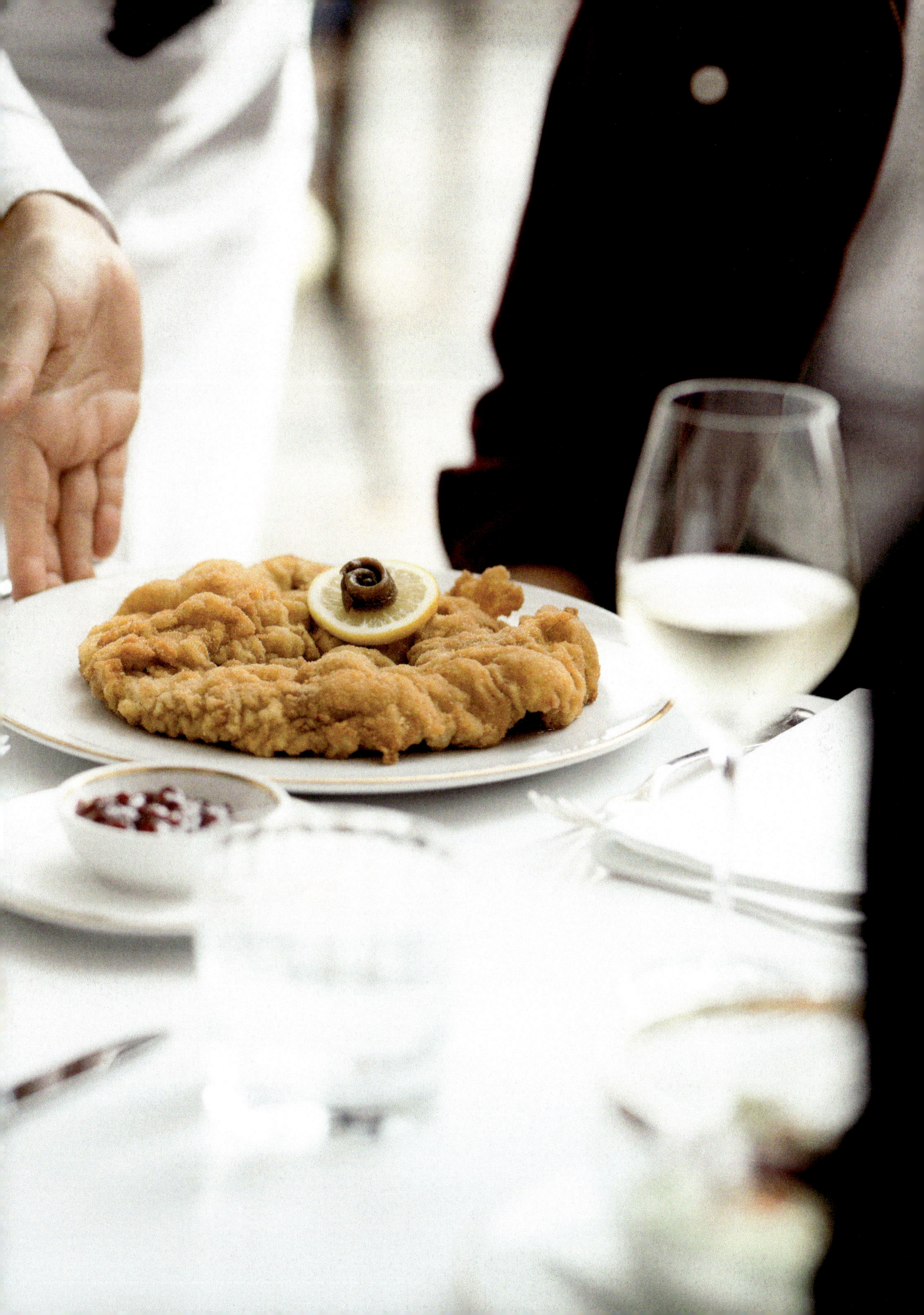

Österreichisches Deutsch

A: ein, eine, einer
Abbraten: schnell braten
Abi: hinunter
Alzerl: kleine Menge
Amol: einmal
An: einem
Ansprach: Gespräch(smöglichkeit)
Aussabachenen, aussabochn: schwimmend in Fett gegart, „herausgebacken"
Ausseback'n: schwimmend in Fett garen

Bachen: Kurzform für ▶ aussabochn
Backen: In Österreich wird dieser Begriff nicht nur für die Zubereitung im Ofen verwendet, sondern auch für das Garen in Fett schwimmend, meist in einer Pfanne.
Backhendl: paniertes Hühnchen
Backfleisch, Alt-Wiener: panierte, in Fett schwimmend gegarte ▶ Beiried
Beiried: flaches Roastbeef
Beisl: Gasthaus

Bisserl: bisschen
Bochenen: Kurzform für ▶ aussabochn
Brösel: 1) Kurzform für ▶ Semmelbrösel
2) Ärger, Streit

Da herunt: hier unten
Daham: zuhause
Deka: Maßeinheit mit 10 g
Des: das
Dö: die
Dotter: Eigelb

Eiklar: Eiweiß
Einbröseln: in ▶ Semmelbröseln panieren
Eingemachtes Kalbfleisch: Kalbsfrikassee
Erdäpfelsalt: Kartoffelsalat
Essiggurkerl: Gewürzgurke

Feinspitz: Feinschmecker
Fricandeau, Frikandeau: Fleischteilstück von der Keule, Schwanzstück
Früh: Morgen, Vormittag
Fülle: Füllung
Fünfhaus: 15. Wiener Gemeindebezirk

G'freit's uns: Wir haben Lust.
Gerissen: gerieben
Germ: Hefe
Gespritzt: mit Wasser verdünnt
Gilet: Weste
Glasl: Glas
Glattes Mehl: in Österreich viel verwendetes Mehl, fein gemahlen (die Ausmahlgrade von Mehl sind in Österreich anders als in Deutschland): geeignet z.B. für Massen und Mehlteige, durch Mehl Type 405 zu ersetzen
Gordon: Cordon Bleu
Granteln: unfreundlich sein
Gschau: Blick, Augen
Gschwind: schnell
Gusto: Geschmack, Appetit

Hams: haben sie
Handsemmel: handwerklich hergestellte ▶ Semmel
Hendlbrater: Brathühnchen-Verkäufer

Hear'n, her'n: hören
Hob: habe
Hot: hat
Hundstrümmerl: Hundekot

I: Ich
In die Panier hauen: schön anziehen

Jo: ja

Ka: kein, keine, keiner
Kaisersemmel: krustenreiche ▶ Semmel mit charakteristischen sternförmigen Einschnitten
Kalbin: junge Kuh, die noch nicht gekalbt hat
Kalbspariser: feine Brühwurst aus Schweine- und Kalbfleisch
Kalbsschlegel, -schlögel: Kalbskeule
Kieberer: Polizisten
Kipfler: eher kleine, festkochende Kartoffeln in Hörnchenform
Kosten: probieren
Krapfen: Berliner Pfannkuchen

GLOSSAR

Kren: Meerrettich

Lungenbraten: Filet

Ma: mir
Matura: Abitur
Mi: mich
Mog: mag

Naturschnitzel: unpaniertes Schnitzel
Ned, net: nicht
Neubau: 7. Wiener Gemeindebezirk
Nuss: Fleisch aus der Mitte der Rinderkeule

Ober: Kellner
Obers: Kurzform für ▶ Schlagobers
Oberschale: Teilstück der Rinderkeule, an der Innenseite des Oberschenkels gelegen
Öl, im Öl sein: betrunken sein

Panier: Panade
Papierfuzzerl: Papierstückchen

Pariser Schnitzel: ähnlich wie Wiener Schnitzel, jedoch ohne ▶ Semmelbrösel paniert
Petersil(ien)erdäpfel: Petersilienkartoffeln
Pracker: Klopfer, Hammer

Rasten: ruhen
Reibeisen: Raspel
Rein(dl): Bratform, Bräter
Resch: knusprig
Rindsuppe: Rinderbrühe
Rohr: Ofen
Rohrstaberl: Rohrstock

S: Sie, sie
Sackerl: Tüte
San: sind
Sardellenringerl: Sardellenring
Sauerampfer (Wein): wenig wohlschmeckender, weil zu saurer Wein
Sauerrahm, saurer Rahm: saure Sahne
Schale: mageres Keulenfleisch
Schank: Tresen
Schlagobers: Sahne
Schlegel, Schlögel: Keule

Schmäh: 1) leichtfüßiges, heiteres Gespräch; „der Schmäh rennt" bedeutet so viel wie schlagfertiger Small-Talk mit hohem Unterhaltungsfaktor 2) Dreh, Kunstgriff, Gag
Schnitzi: Schnitzel
Scho: schon
Schrammeln: für die Wiener Volksmusik typische kleine Ensembles, oft bestehend aus zwei Geigen sowie je einer Kontragitarre, Klarinette und Knopfharmonika
Schüsserl: Schüssel
Schweinsfledermaus: Teilstück von der Schweinekeule, am Beckenknochen gelegen
Schweinskarree: Kotlettestück, -strang
Schweinslungenbraten: Schweinefilet
Schweinswiener: Wiener Schnitzel aus Schweinefleisch
Semmel: Brötchen, Schrippe

Semmelbrösel: Paniermehl ohne Zusätze: alternativ kann getrocknetes, fein geriebenes Weißbrot (oder Brötchen) verwendet werden
Sogma: sagen wir mal
Soufflieren: sich aufblähen
Speckig: festkochend
Spritzer: Schorle
Stanniol: Alufolie
Stiegenhaus: Treppenhaus
Supperl: Suppe

Tranche: Scheibe
Tropferl: Tropfen

Verschlagen: verrühren
Vogerlsalat: Rapunzel, Feldsalat
Vorstadt: äußere Bezirke Wiens

Was: welches
Weißer Spritzer: Weißweinschorle
Wiar: als
Wiener, das: Wiener Schnitzel
Wo: worum
Wos: was

THE WIENER SCHNITZEL
LOVE BOOK

Meissl & Schadn
Schubertring 10–12
1010 Wien
+43 1 90 212
schnitzellove@meisslundschadn.at

Riding Schnitzel
Schnitzel & Champagner:
Die kulinarische Stadtrundfahrt
im Fiaker durch Wien
https://meisslundschadn.at/riding-dinner

DIE HERAUSGEBER

FLORIAN WEITZER leitet mehrere Hotels in Österreich, darunter das Grand Ferdinand mit dem legendären Restaurant „Meissl & Schadn" in Wien. 2020 wurde er vom Falstaff-Restaurantguide zum „Gastronomen des Jahres" gekürt.

SEVERIN CORTI ist Journalist und Restaurantkritiker. Er war Koch und schreibt seit 20 Jahren in deutschsprachigen Zeitungen und Magazinen über Essen und Trinken.

DIE BEITRÄGER

MASSIMO BOTTURA ist ein italienischer Koch („Osteria Francescana", Modena) und gilt als einer der kreativsten Köche weltweit. Sein Kochstil ist der Erneuerung der traditionellen italienischen Küche gewidmet.

GERHARD BRONNER (1922–2007) war ein Wiener Komponist, Autor, Musiker und Kabarettist. Als Schöpfer des „Herrn Karl" und des „Travnicek" (gemeinsam mit Carl Merz) blickte er tief in die Abgründe der österreichischen Seele.

GEORGES DESRUES, geboren 1966 in Paris, aufgewachsen in Wien, lebt als freier Journalist in Triest – einer Stadt, die dem Panierten durchaus zugetan ist. Und in der das Schnitzel als Milanesa und das Cordon Bleu als Ljubljanska bekannt ist.

ANDREA MARIA DUSL wurde in Wien geboren, sie ist eine österreichisch-schwedische Filmregisseurin, Autorin und Zeichnerin.

MARIA HAPPEL ist Burgschauspielerin und Regisseurin. Neben ihrer Tätigkeit am Theater sowie in zahlreichen Film- und Fernsehproduktionen unterrichtet sie Rollengestaltung am Max Reinhardt Seminar in Wien.

WLADIMIR KAMINER wurde in Moskau geboren, er ist deutscher Schriftsteller und Kolumnist russisch-jüdischer Herkunft. Seine Erzählbände „Militärmusik" und „Russendisko" machten ihn weit über die Grenzen Deutschlands hinweg bekannt.

SARAH KELLY ist ursprünglich Australierin, lebt aber seit mehreren Jahren vorwiegend in Wien. Die Ex-Rockmusikerin ist Keramikerin, Übersetzerin, Dichterin – und eine große Liebhaberin des Wiener Schnitzels.

WILLI KLINGER wurde in Oberösterreich geboren und leistet seit Jahren Pionierarbeit für den österreichischen Wein – auch auf dem internationalen Parkett. Von 2007 bis 2019 war er Geschäftsführer der Österreich Wein Marketing, seit 2020 ist er Geschäftsführer von Wein & Co.

WOLFGANG KRALICEK ist Theaterkritiker und Journalist in Wien. 20 Jahre lang war er Kulturredakteur bei der Wiener Stadtzeitung „Falter", er schreibt u.a. für die „Süddeutsche Zeitung".

PETER KUBELKA ist Experimentalfilmer, Publizist und Fotograf. Er war Mitbegründer und Ko-Direktor des Österreichischen Filmmuseums sowie Rektor der Städelschule in Frankfurt, wo er die Klasse für „Film und Kochen als Kunstgattung" leitete.

TOBIAS MÜLLER isst, kocht, trinkt und schreibt darüber – als freier Journalist für diverse Magazine oder Slow Food. Er lebt in Wien und Neapel.

ALFRED POLGAR (1873–1955) war der Prototyp des Wiener Kaffeehausliteraten und ein Großmeister der kleinen Form. Vom seinem Tisch im Café Central aus servierte er „die treffendsten Pointen und die stärksten Effekte mit vollendeter Beiläufigkeit. Er war ein Virtuose des aufschreckenden Pianissimo, ein Meister des Understatements, das alarmiert." (Marcel Reich-Ranicki)

MANFRED REBHANDL lebt als Autor in Wien. Er schreibt Krimis, Drehbücher, Theaterstücke und Reportagen.

TEX RUBINOWITZ wurde in Hannover geboren und lebt seit 1984 als Witzezeichner, Maler, Musiker und Schriftsteller in Wien. 2014 erhielt er den Bachmann-Preis.

CHRISTIAN SEILER war Chefredakteur des Nachrichtenmagazin „profil" und der Kulturzeitschrift „Du". Er lebt als Kolumnist und Autor zahlreicher Bücher in Wien.

JOSEPH WECHSBERG (1907–1983) war ein altösterreichischer, amerikanischer Schriftsteller, Feuilletonist und Reporter. Vor seiner Flucht in die USA studierte er in Prag Jura, in Wien Musik und in Paris Philosophie.

DER FOTOGRAF

INGO PERTRAMER wurde in Salzburg geboren, für seine Porträt-Fotografien ist er international bekannt. Er lebt und arbeitet als freier Fotograf in Wien.

THE WIENER SCHNITZEL
LOVE BOOK

BILDNACHWEIS

akg-images / picturedesk.com: S. 38
Michael Appelt / Verlagsgruppe News / picturedesk.com: S. 31
Archiv Seemann / Imagno / picturedesk.com: S. 178
20th Century FOX / Mary Evans / picturedesk.com: S. 117
Juerg Christandl / KURIER / picturedesk.com: S. 35
ddp images/dapd: S. 141 (Clemens Bilan)
Georges Desrues: S. 52, 55, 58, 63
Andrea Maria Dusl – Das Bureau / www.comandantina.com: S. 102/103
© Paul Harather: Aus dem Originaldrehbuch „Indien" mit freundlicher Genehmigung Paul Harather: S. 46/47
Instagram / barbkuh: S. 121
Instagram / koch_reise_und_wandertussi: S. 118
Instagram / lonewolfbklyn: S. 115
Instagram / naimpaddington: S. 114
Instagram / richie_jamrock: S. 125
Instagram / simoneats: S. 120
Instagram / zatoichix1: S. 116
iStock: S. 10 (sedmak), 146, 148, 149, 150 o., 151
Manfred Klimek: S. 130, 133
Aleksandra Pawloff / picturedesk.com: S. 158
Ingo Pertramer: S. 21, 22–25 (Fotomodell: Georg Hof), 27, 46/47, 64/65, 74, 76, 79, 83, 84, 89, 90, 94, 97, 111, 127, 129, 145, 147, 153
Postkartenverlag Ledermann / ÖNB-Bildarchiv / picturedesk.com: S. 179
Tex Rubinowitz (Illustrationen): S. 13, 17, 61, 99, 110, 123, 137, 150
Michael Seirer Photography: S. 155
Shutterstock: S. 105
Sportida / EXPA / picturedesk.com: S. 69
Lupi Spuma: S. 7, 163, 185
Harry Weber / ÖNB-Bildarchiv / picturedesk.com: S. 18
Weitzer Hotels: S. 4, 42/43, 66/67, 161, 170, 171 (2), 180/181, 184
Erwin Wurm: Die Kartoffel im Leopoldmuseum, 2017 / Foto: Michael Seirer / © Bildrecht, Wien, 2020: S. 155
www.wienerschnitzel.com: S. 116

ANHANG

ZITATNACHWEIS

Travnicek am Mittelmeer, S. 19. In: Krischke, Traugott: „Qualtinger". Werkausgabe.
Band 3. Wien: Deuticke Verlag, 1996. S. 9.

Ich habe den Versuch einmal gemacht ..., S. 26–27: In: Wechsberg, Joseph:
„Die Küche im Wiener Kaiserreich". Amsterdam: Time-Life International, 1969.

Paniertes Schnitzel mit Gurkensalat, S. 39–41: In: Polgar, Alfred: „Kreislauf".
Kleine Schriften. Band 2, Leipzig: Rowohlt Verlag, 2004.

Das Schnitzel wird umbesetzt, S. 134–143: In: Happel, Maria: „Das Schnitzel ist umbesetzt."
Was bisher geschah .... Wien: Amalthea, 2012. S. 197–206.

IMPRESSUM

Lassen Sie sich inspirieren!
Gute Geschichten, schöne Geschenkideen auf
www.brandstaetterverlag.com

1. Auflage 2020
Alle Rechte vorbehalten
Copyright © 2020 by Christian Brandstätter Verlag, Wien

ISBN 978-3-7106-0457-7

Liebe Leserin, lieber Leser!
Hat Ihnen dieses Buch gefallen? Wollen Sie weitere Informationen zum
Thema? Möchten Sie mit den Herausgebern in Kontakt treten?
Wir freuen uns über Lob, Kritik und Anregungen an:
leserbrief@brandstaetterverlag.com
oder
Christian Brandstätter Verlag GmbH & Co KG
Wickenburggasse 26
1080 Wien
Tel: (0043) 1 5121543256

Wir sagen Danke.
Bleiben wir in Verbindung!

Designed in Austria, printed in the EU

Herausgeber: Florian Weitzer, Severin Corti
Umschlaggestaltung: Mike Fuisz, moodley
Grafische Gestaltung: Barbara Reiter, Bureau A/O
Fotografie: Ingo Pertramer
Lektorat: Else Rieger
Projektleitung Brandstätter Verlag: Stefanie Neuhart